做自己的光

一位青少年的英语演讲实录

Shining in Speaking:

A Collection of Public Speeches with an Introduction and Analyses

刘植　著

机械工业出版社
CHINA MACHINE PRESS

本书通过对英语演讲实例分析与技巧介绍，为英语学习者和英语演讲爱好者提供参考，助力读者提高英语能力和演讲技能。全书分为二篇，书中的“好的英语演讲如何炼成”介绍英语演讲技巧及注意事项。第一篇“聚光”为英语演讲实例分析，全部采用作者实际参赛演讲稿，每篇演讲从讲稿构思、遣词造句、展示技巧和比赛感悟四个方面进行分析；第二篇“余光”为参考演讲稿，针对四类不同英语演讲赛事所撰写，供读者学习。本书实例丰富，语言简洁精到，技巧介绍简明扼要，分析细致全面，是英语学习者和英语演讲爱好者的实用参考资料。

图书在版编目（CIP）数据

做自己的光 ： 一位青少年的英语演讲实录 / 刘植著. 北京 ： 机械工业出版社, 2025. 8. -- ISBN 978-7-111-79117-1

Ⅰ. H311.9

中国国家版本馆CIP数据核字第2025JP3571号

机械工业出版社（北京市百万庄大街22号　邮政编码100037）

策划编辑：张若男　　责任编辑：张若男

责任校对：尹小云　　责任印制：刘　媛

北京富资园科技发展有限公司印刷

2025年8月第1版第1次印刷

169mm × 239mm · 15.75印张 · 270千字

标准书号：ISBN 978-7-111-79117-1

定价：69.80元

电话服务

客服电话：010-88361066

010-88379833

010-68326294

网络服务

机　工　官　网：www. cmpbook. com

机　工　官　博：weibo. com/cmp1952

金　　书　　网：www. golden-book. com

机工教育服务网：www. cmpedu. com

序

演讲能力是一个人语言能力与人际沟通能力的综合反映。在当今世界，尤其是欧美国家，学校非常注重对学生公众演讲能力的训练，除了开设公众演讲课程外，还积极鼓励、支持学生参加各种比赛。我国对公众演讲的认识开始较晚，但发展迅速，如今的各大中小学校园内，可以见到各种演讲社团和活动，同学们活跃在演讲舞台上，锻炼了自身能力，取得了长足的进步。

我校作为一所国际学校，许多学生未来会走进国际知名高校继续深造。在他们将来的学习、工作和生活中，无论是课程报告、科研汇报、项目介绍还是生活交流，用英语与人沟通是必不可少的。因此，我校不仅设有公共演讲课，还十分鼓励和支持学生参加各种演讲和辩论比赛，努力在学校中营造良好环境与氛围，促进他们提高英语演讲与沟通能力，为未来打下良好的基础。

刘植同学自幼便参加英语演讲和辩论，取得了出色的成绩。以他的年龄，能够取得这样的成就，是难能可贵的。刘植同学正直、热心、开朗、积极向上；用他自己的话讲，他还是一个“intellectually hungry”的人。在英语演讲和辩论的道路上，他孜孜不倦地追求，其英语语言能力、思维能力和人际沟通能力，都得到了大家的称赞。自 2024 年起，刘植同学担任上海师范大学天华国际高中英澳美学校的演讲和辩论校园大使，积极参与我校的英语演讲和辩论活动，为我校学生演讲和辩论能力的提高做出了许多贡献。我们很高兴看到同学们在演讲和辩论中取得的进步，现在又很欣喜地看到刘植同学将自己的英语演讲稿收集在一起，并撰写了详细的分析，即将正式出版。这本书不仅是刘植同学对自己演讲活动和成绩的总结，更重要的，它一定会给喜欢英语演讲、有志于提高英语沟通能力的人带来许多启发，为他们的进步提供实实在在的帮助。我们很高兴能为刘植同学本书的写作提供支持。我相信，刘植和同学们的演讲和辩论道路，一定会越走越远，越走越宽。

上海师范大学天华国际高中英澳美总校长
上海师范大学天华学院国际教育学院院长
英国阿博茨霍尔姆学校中国区总校长
英国大使馆文化教育处全球伙伴学校中国顾问委员会副主席
柏萍

2025 年 2 月 7 日

自 序

这是我的英语演讲文集。

我喜欢英语演讲和辩论。从幼儿园开始，大大小小的演讲比赛，我参加过不少，也获得了一些奖项。最高的奖大概是今年四月获得的第20届“外研社杯”全国中学生外语素养大赛全国总决赛冠军。

我并不认为自己的演讲水平有多高，但是一路走来，确实付出了许多汗水甚至泪水，也收获了不少启发和感悟。之所以将这些演讲稿结集出版，是觉得它们或许能对许多像我一样喜欢英语、喜欢演讲的人有所启发。

文集主要分为“聚光”和“余光”两篇。“聚光”收录的是我自己参加演讲比赛（获奖或未获奖）所用的稿子；“余光”则是我写的练习稿，其中有的是为参加演讲赛的同学和朋友写的。这些演讲稿可能并不太起眼，但都经过了我认真仔细的思考和打磨。我自认为，无论是思路构思还是语言表达，或多或少都有可取之处。

需要说明的是，有些演讲稿并不是我的独立作品。绝大多数稿件都融入了父母和老师的建议与修改。有些稿件，比如最开始参加演讲的几篇，甚至是我父母执笔完成的。但是，即使是父母代笔，我也是参与讨论的。

另外一点说明：有些稿中出现了“Bobby”，是我的英文名。

这里的演讲稿，有些是经过较长时间细致打磨的，有些则是即兴演讲稿，只有很短的时间甚至没有时间准备，因此略显粗糙。我不揣浅陋，按原样收录进来，是为了给大家看到最真实的状态，也许也能给大家一些启发。

有几篇演讲稿，当时赛事组委会要求附中文译文，为呈现赛事原貌，收入本书时亦将译文一并收入。

我要感谢我的父母和学校的老师们，有你们一路上给我的引导、鞭策和倾情支持，我才能走到现在。感谢我的演讲和辩论老师，你们的专业指导，使我能不断朝着更高的目标前进。感谢我许许多多的同学和比赛中的队友、对手，你们给了我很多启发。恕我不一一点出学校和老师的名字，但我时刻将你们铭记于心。我还要感谢我阅读过的书籍，它们给了我无穷的灵感。

我一直认为，只要努力，总有成效。这本演讲文集，也可算作我努力过程的一种记录。希望这份记录可以给跟我一样在努力前行的人一些帮助。

目前我还只是一名高中生，尽管取得了一点点微小的成绩，但终究学识水平有限，书中若有不足之处，恳请大家不吝批评指正。感谢！

刘植

2025 年 6 月 22 日

好的英语演讲如何炼成

演讲，英文叫 speech，或者叫 speaking，意思是“说话”。公众演讲，又叫公共演讲，英文叫 public speaking，就是对公众讲话，或者在公共场合发表讲话。演讲的目的是用语言表达观点，让听众接受见解。从这一点来讲，大约从人类开始有语言交流的时候起，就有了演讲。当然，公众演讲可能要略晚一些。

演讲是有力量的，好的演讲力量大，不好的演讲力量小，甚至有反推力。那么，怎样才能炼成一篇好的英语演讲呢？

我从小就对英语演讲感兴趣，虽然并没有取得什么大的成就，但也积累了一些经验。在此不揣浅陋，想结合自己的体会来谈谈如何做好英语演讲。

首先需要说明的是，本文并非理论性探讨——我尚未具备足够的理论知识。如今信息发达，若要对英语演讲进行理论研究，既有丰富的网络资源，也有大量书籍可供参考，并非难事。我的个人经验有限，虽无法提供系统性指导，但或许能给读者朋友些许启发。

本文以下所说的“演讲”，指的都是公众演讲，尤其是比赛性质的公众演讲。

一、什么是英语演讲

01 英语演讲的定义

本文开头提到，演讲就是说话。但这个定义较为宽泛，未能涵盖演讲的全部特征。我们可参考百度百科对演讲的定义，它说演讲“是指在公众场合，以有声语言为主要手段，以体态语言为辅助手段，针对某个具体问题，鲜明、完整地发表自己的见解和主张，阐明事理或抒发情感，进行宣传鼓动的一种语言交际活动”。某英文百科网站的定义则更为简洁，称公众演讲是“the practice of delivering speeches to a live audience”，即面向现场观众发表讲话。综合这两个定义，我们可以知道，演讲本质是面向观众讲话，并通过语言影响其思想。这里最重要的两个关键词是“语言”和“影响”。本文探讨的如何练就优秀的英语演讲，其核心即在于如何运用英语语言影响观众，使其接受演讲者的观点。

02 英语演讲的文本类型

英语演讲起源于西方文化，其传统可追溯至古希腊罗马时期。亚里士多德和西塞罗都将演讲分为政治类、法庭类和仪式类三类，这一分类是基于演讲的功能。现代演讲仍以三类为主，此外还有知识传授型演讲（如学术报告、讲座）、娱乐型演讲（如脱口秀）等。如果将比赛视为演讲的一种功能，那么比赛型演讲也可纳入其中。

但以上分类并非基于文本类型。英语文本类型通常分为记叙文（narration）、描写文（description）、说明文（exposition）和议论文（argumentation）四类。其中，记叙文记述故事或事件，描写文对人、物、景等作详细描述，说明文解释概念或过程，议论文表达观点或看法。很多演讲以传达思想、说服听众为目的，因此通常更接近议论文；而知识传授型演讲则较多偏向于说明文。但是，这四种文本类型在演讲中与其他文体一样，并非截然分开的。更常见的情况是，一篇演讲会融合多种文本类型——比如，以故事开头（记叙文），穿插对场景或人物的描绘（描写文），随后解释关键概念（说明文），最终提出自己的观点并呼吁行动（议论文）。所以，写好演讲稿需熟练掌握并灵活运用这四种文本类型。

按英国翻译理论家彼得·纽马克（Peter Newmark）的分类，文本可分为表达型文本（expressive text）、信息型文本（informative text）和呼唤型文本（vocative text）三类。其中，表达型文本重在传达作者的思想和情感，如文学作品、政治演讲等，其语言注重个人风格；信息型文本以传递信息为核心，强调真实性和准确性，如学术论文、新闻报道、技术手册等，语言需客观且逻辑严密；呼唤型文本旨在引发思考或促使采取行动，如广告、标语，语言具有感召力。与上文提到的四种文本类型类似，这三类文本在演讲中也往往相互交融，难以完全割裂。一篇优秀的演讲，既要表达演讲者的思想情感，体现演讲者的个人风格，又要有准确的信息支撑，经得起严密的逻辑推敲，当然还要能打动听众，推动他们采取行动。历史上许多有名的演讲，如林肯的《葛底斯堡演说》、马丁·路德·金的《我有一个梦想》、丘吉尔在 1941 年德国入侵苏联当日发表的广播演讲，均为三类文体融合的典范。因此，在英语实践中，我们应借鉴这些经典演说的成功经验，以实现更有效的沟通。

二、演讲稿写作

除了真正的即兴演讲外，一般的演讲通常需要预先写好演讲稿。预先写好演讲稿的好处在于，演讲者有较多的时间对演讲内容、技巧等进行推敲，对语言做较多的打磨，并有时间记忆讲稿（如果脱稿演讲）。即使是真正的即兴演讲，在演讲前的短短一两分钟内，演讲者心里也要对演讲的内容、语言等有一个大致的构想。这种构想，从某种角度讲，其实也是一种“写作”，只不过是不用纸笔的写作而已。要写好一篇演讲稿，可特别注意以下几个方面：

01 写作前的构思

与任何写作一样，演讲稿在写作前最好能有比较深入细致的思考：演讲的主题是什么？准备用哪些事例？用哪些数据支撑？这些事例和数据从哪里来？放在演讲稿的哪一部分？与其他内容如何衔接？语言用什么风格？用什么修辞手法最为合适？需要做什么样的调整？怎样才能最打动人？面对的观众是什么样的群体？他们喜欢什么样的演讲？登台演讲时可以用什么肢体语言？演讲语气如何把握？哪些地方需要激昂，哪些地方需要平淡？哪里要快，哪里要慢？……待这些问题考虑成熟以后再动笔，才能撰写出效果出色的演讲稿。

02“钩子”

所谓“钩子”，英文为“hook”，指的是演讲开始时用于吸引听众注意力的设计，通过制造悬念“钩”住听众，使其保持好奇直到演讲结束。除了激起听众对演讲内容的关注，“钩子”往往还能使听众对演讲者本人产生兴趣，从而更能接受演讲者的观点。演讲中常见的“钩子”包括：与听众预期相反的说法、令人吃惊的论断或数据、提出听众关心或出乎听众意料的问题、权威引言、生动的故事等。不管是哪一种“钩子”，其本质都是激发听众的兴趣，牢牢抓住他们的注意力。当然，不管是哪一种“钩子”，都必须与演讲主题紧密相关，切忌单纯为了吸引听众而引入一些无关主题的内容。我自己比较喜欢的“钩子”是讲故事。人们都喜欢听故事，一篇演讲，如果能以一个与主题紧密相关的有趣故事开场，基本已经成功了一半；如果又是自己的亲身经历，那么，可以说已经成功了一大半。

需要注意的是，演讲中的“钩子”虽多用于开头，但如果是较长的演讲，应该考虑在中间再设置一个或几个“钩子”，在听众注意力即将放松的时候，重新将他们牢牢吸引。

03 思想境界

然而，演讲的目的不仅仅是为了吸引听众，它的核心宗旨是激发听众思考并促成行动。优秀的演讲必须蕴含深刻的思想内涵，这一点在竞赛类演讲中尤为重要。演讲的内容可以取材于日常生活，表现形式亦可轻松有趣，但其核心思想必须具有崇高性。细微的东西一定要与宏大的主旨相结合，有开阔的格调，有崇高的境界，才能真正且持久地打动人心。所以，演讲应当更多关注国家、民族和全人类的共同利益与发展，这样才能引发广泛共鸣。在“希望之星”总冠军争夺赛中，我的演讲“What I Would Say to My 20-Year-Old Self”因过于聚焦个人层面，未能充分展现更宏大的社会关怀，这一不足被评委明确指出，成为我最终失利的关键因素。这一经历让我深刻认识到：演讲固然可以从个人经历切入，但必须实现从“小我”到“大我”的升华，其终极关怀应当指向群体、民族、国家乃至全人类的发展与福祉。

04 语言技巧

人们常说演讲是语言的艺术。一篇演讲能否打动人心，除了内容外，依靠的主要是语言。因此，演讲稿的写作，在语言上一定要多下功夫，再怎么打磨也不为过。结合个人经历，我在语言上特别注重下面三点：

（1）准确明晰

除有特殊意图外，任何写作的目的都是向受众传达意义、思想或情感，而受众是否能很好地理解，很大程度上取决于语言是否准确和清晰。在一般演讲中，听众看不见演讲文字，只能依赖声音传递信息，因此语言的准确性与清晰度就显得尤为重要。英语不是我们的母语，通常我们的英语水平难以达到汉语的熟练程度，因此在写作中易于倾向使用比较笼统的词汇。这一点在演讲稿写作中需格外注意：主题句和总结部分可适当使用概括性词汇（general words），其他部分应尽量用具体的词汇（specific words）。比如，表示“红色”的词汇除red外，还有pink，crimson，scarlet等；描述“科学家”也不限于scientist，还可以根据具体领域使用physicist，chemist，biologist，biochemist等；同样，表达“笑”的词也不止laugh和smile，还包括chuckle，guffaw，giggle，snicker， roar with laughter，beam，grin，smirk 等丰富表达。

在信息型演讲中就更应该注重准确性和明晰度。所引用的数据、言论、观点必须再三核实，关键信息甚至需要明确标注来源才能增强说服力。某些演讲比赛明确要求提供引用材料的来源并核查信息的准确性，在这种情况下，数据的精确性就更为重要了。此外，句子结构上应该正确、清晰。然而，由于演讲依赖口头表达，某些在书面语中可能显得晦涩的句式，通过强读、停顿等技巧，反而能在口语中清晰表达。比如“This is the idea to start the project.”可能语义模糊，但如果在演讲中重读“the”，(“This is THE idea to start the project.”)，便能清晰表达“这是启动这一项目核心 / 唯一的方案”。

（2）生动

古人云“言而无文，行之不远”，演讲稿亦如此：除了准确明晰，语言还需生动鲜活。比如，多使用具体词汇能让语言更生动。此外，适当运用修辞手法也至关重要。英语的修辞手法有很多，演讲中最为常见的有平行结构（parallelism）、重复（repetition）、修辞性问句（rhetorical question）、对语（antithesis）、暗喻（metaphor）、明喻（simile）、递升法（climax）、突降（anticlimax）、反讽（irony）、拟声（onomatopoeia）、同音（assonance）、押韵（rhyme）、行中韵（internal rhyme）、头韵（alliteration）等。以上这些修辞手法也是我自己写稿中使用得比较多的。当然，英语的修辞手法远不止这些，还有借喻（metonymy）、提喻（synecdoche）、拟人（personification）、讽刺（sarcasm）、矛盾修饰（oxymoron）等。不同的修辞手法各有效果，需根据演讲目的灵活选择。若需深入学习，可参考一些专门的书籍和网站。在本书的演讲分析部分也对相关修辞手法做了解释。

除了修辞以外，还要注意长短句的交替使用。一般来说，演讲的句子不宜过长，过长容易使听众难以集中注意力，甚至产生理解偏差。然而，如果是要表达复杂的概念和意义，长句有时难以避免；如果要展现气势磅礴，也可以适当使用长句。相反，如果是要表达果断、迅捷、坚定等情感，短句往往更有效。主题句（topic sentence）和总结句也适合用短句。最佳策略是长短句交替使用。在几个长句后插入短句，可使表达铿锵有力；如果再配合语气的变化，往往能显著增加感染力。

（3）符合语言规律

英语与汉语有很大不同：英语是形合语言，汉语是意合语言。两种语言的思维模式不同，行文规律和表达习惯不一样，英语演讲稿忌用汉语的语言思维来写作。比如，在英语中，尤其是书面语言，语义焦点往往落在句末。也就是说，一个句子中，最重要的意义（作者特别想指出、说明的，后续可能要做更多阐发的部分）往往置于句末。虽然英语口语中的语义焦点经常可以用强读来呈现，但大多数语句仍与书面语言相同，因此在演讲稿的写作中，除一些特殊的情况外，语义仍应落在句末，能使意义表达更加清晰，听众听着也才会更"顺耳"。另外，英语特别注重主位推进模式。所谓主位推进模式，简单地说，就是以已知信息（旧信息、大家所熟知的信息）开始语句，以已知信息带出未知信息（新信息、大家所不太熟悉的信息）。汉语当然也常常需要符合主位推进模式的要求，但不如英语那么强。我们常常能听到一些演讲，每一个句子独立听起来似乎都没有问题，但把句子连起来听，就觉得演讲者似乎在跳来跳去，没有顺着一条线讲下来，其原因主要就是未能严格遵循主位推进模式，常常用新信息开头，旧信息却置于句末（那些简单地以句子为单位从汉语译为英语的演讲稿尤其如此）。语义焦点与主位推进模式是系统功能语言学里较为普遍的知识点，对英语写作有重要的指导作用，大家可参考系统功能语言学和语篇分析的专著与网站，多做一些了解。

05 逻辑

无论是写作还是演讲，都要注意逻辑的严密性，对演讲而言，其目的往往是为了鼓动人、说服人接受演讲者的观点，严密的逻辑就显得更为重要。实现逻辑严密的最基本要求有两点：一是"一条线"，二是"同一条线"。所谓"一条线"，就是整篇演讲围绕、阐明的是一个主题，不应该也不需要讲与主题无关的东西。所谓"同一条线"，就是整篇演讲围绕、阐明的是同一个主题，主题不能多，多就散，就乱了，逻辑就不够严密了。多数演讲仅十分钟左右，不允许也不需要讲多个主题。演讲稿常采用对某一种观点、看法做反转的手法，即使是反转，也仍要有逻辑，也就是说，仍要沿着"一条线"、"同一条线"来谈。

要确保演讲稿逻辑严密，可采用以下两个方法：第一，列提纲，明确谈的是什么主题，用几个分论点，每个分论点使用什么论据、事例，一条一条列出来后，再看这些分论点、论据、事例等是否都指向主题，如果偏离了主题，逻辑就出问题了；第二，以主题句统领段落（主题句就是分论点），段中其余语句都围绕这个主题句，且作为支撑分论点的那些语句，也应该注意不能互相矛盾。

值得注意的是，许多演讲的主题和分论点的逻辑都没有问题，最后升华主题的时候，却让人觉得有风马牛不相及的感觉。出现这一问题的主要原因是升华不当：没有足够的依据，或者方向错误。比如，主题是如何为身边的人服务，结果归结到了应积极参加各种比赛为国争光；主题为谈勤奋，结果归结到不怕困难上。升华一定要自然，要沿着原来的那条主线走，而不能生拉硬扯。某高考英语作文续写题，故事讲述的是一个女孩将脑袋塞进南瓜中无法拔出，据说有的考生接着描写父亲将南瓜打碎助其脱困后，最后一句“升华”竟写道：“Time may fly, tears may dry, but this friendship will never die.”父爱被扭曲为“友谊”，这样的“升华”，显然不合理。不合理的“升华”，不如不升华。

06 概念与定义

这本来应该是逻辑范畴中谈的问题，但现实中因概念与定义不清常导致演讲失败，因此此处单独加以探讨。

几乎所有演讲都涉及若干概念，它们或是主题本身，或与主题密切相关。若概念混淆或定义错误，演讲便难以达到预期的效果。演讲者须根据主题需求，对概念做出明确、精准的定义，方能展开有效的论述。比如，第 20 届“外研社杯”全国中学生外语素养大赛地区复赛的演讲题目为“Constant Renewal”（“日新”），国赛的演讲题目为“Painting in Colours”（“丹青”）。如果未准确定义这些概念，或定义时思维受限、立意不足，后续论述很可能偏离主题（如将“Painting in Colours”狭义理解为“如何用色彩画画”），整篇演讲未登台，已注定失败。

关于概念的定义，有两点需要注意：一，考虑到演讲的特性，不要拘泥于词典定义，一定要根据演讲的主题提出自己新的见解；二，大多数概念，尤其是题目中涉及的概念，最好是在演讲的开头部分就明确定义，这样听众才不会迷糊，演讲者的论述也才能有“根”有“源”，逻辑才能严密。

概念的定义，在学术性写作中是非常普遍且极其重要的一个步骤，却常被演讲者忽视。其实，只要通过系统训练，准确定义概念并非难事。

07 证据

所谓证据，就是可作为证明用的事实依据。在演讲中，就是可用来证明观点的依据，它可以是事实，也可以是他人的观点，还可以是所举的例子。类比法律上的证据三要素（相关性、合法性和客观性），演讲中的证据也必须具有相关性、合理性与有效性：必须与主题密切相关，逻辑上必须合理，同时它还应该能够有力说明观点。另外，演讲中的证据最好还具有生动性，因为演讲是用语言打动人、鼓动人，生动的证据更能让听众接受。在演讲中，除了数据等外，所引用的名人名言也是一种证据，这种引用往往可以收到以较少的语言有力说明问题的效果。需要注意引用原则：一是引用名人名言一要适度，并不是引用越多越好；二是要适切，一定要与所要论述的问题密切相关，而且能够有力说明演讲者的观点，切忌为引用而引用。不当的引用，有时反而会起反作用，不如不引用。

08 对展示的预设

演讲最重要的环节是舞台展示。展示也可称呈现，英文为 delivery，即在听众面前通过语言与身体姿态、动作和表情的结合，将演讲内容传递给听众。作为演讲的最后环节，展示是演讲稿写作的目的。因此，在撰稿时需提前设想演讲的展示画面。比如，演讲者应该设想何时上台、如何上台、如何站位、目光与身体姿态如何掌控等。在演讲稿写作过程中，这样的预设应该较多集中在语言方面，如在哪一句话的哪一个地方应该强读，哪一个地方应该用激昂的语气，哪一个地方用平静或者温柔的口吻，哪一个地方应该采用什么样的站姿、做什么样的手势等，然后结合这些预设，再考虑用合适的语言与之相匹配。需牢记，所有语言和肢体动作均服务于主题阐释与观点表达。

演讲稿是思维的组织，但演讲最终是“讲”出来的，它依赖的是声音和肢体语言。有些语句，书面看起来可能不怎么样，但如果能预先设想最后呈现的效果，可能会有很大的不同。我在第 20 届“外研社杯”全国中学生外语素养大赛十进五比赛的即兴演讲“Listen to the Sound of China”写稿时，最后一句是“So take a deep breath, ladies and gentlemen, and please listen”，我的父母和带队老师都持否定态度，他们都认为这一句过于简单，而且似乎还没有真正结束，不够有力，但当时我脑海中实际预设了舞台呈现：先用略为高昂的语调说出“take a deep breath, ladies and gentlemen”，在“please”后略作停顿，然后用较为轻柔而深情的语调说出“listen”，这样能很好地体现对美好祖国的崇敬并发出对听众的深切呼唤。经过演示解释后，大家高度认可。后来，在实际呈现中，这样的处理收到了很好的效果。

09 预演

演讲稿写完，当然不等于万事大吉，因为最重要的环节——上台展示——

尚未开始。这时候，最重要的就是预演。预演即模拟上台演讲，可以用写好的讲稿进行练习。

预演可以有听众，也可以没有听众。没有听众时，可以单纯通过口头朗读检查语言问题，比如语法错误、拗口表达或语调问题。有些语句，书面看似无误，但朗读时可能会发现不够流畅。此外，每个演讲者有自身的特点，有些词和音，别的演讲者读（说）来没有任何问题，但有的演讲者就觉得拗口，甚至存在发音难点。碰到这种情况，就要及时调整——或通过练习强化，或直接修改措辞。

也可以对着镜子预演，自己做自己的听众。这个时候，比较重要的就不光是注意语言和音调了，还要着重注意身体姿态和手势。如果有听众就更好了，可以询问他们信息是否清晰，表达是否有效（effective），请他们提出修改意见，最后再做出评价。此环节对演讲最终效果至关重要。

如果有条件，还应在实际演讲的台上预演一下，测试音响、灯光等设备，确保正式演讲时达到最佳效果。

三、演讲展示

上面已经对展示技巧，尤其是展示预设做了一点说明。实际上，展示所涉及的维度远超所述。这里就我认为比较重要的几个方面做以下说明：

01 时间

几乎所有的演讲，无论是总统竞选还是幼儿园比赛，都有时间限制。目前，国内演讲比赛的时间一般为一分钟到十分钟不等。由于英语词汇音节较多（汉语的单音节则不同），英语演讲的每分钟词数（约 100~120 词）与汉语的每分钟词数也有差异。但是，演讲不是辩论，不必追求语速，而应注重自然与有效—— 其核心是意义与情感的传递。将演讲视为语速炫技的活动是不可取的。

写稿时需提前规划时间：演讲时长多少？语速如何？是否穿插表演？表演是否需要额外时间？哪些部分需放慢或加快语速？这些调整对总时长的影响如何？预演后，再对稿件和语速进行优化。理想情况下，演讲结束时应刚好用完规定时间。虽有一定难度，但应避免严重超时或剩余过多时间。比如，若规定时间是三分钟，但演讲不到两分半钟就结束了，会显得内容单薄；若超时则可能被强制打断，影响效果。

02 开场

开场是指从演讲者走上讲台到开始演讲的这一段时间，事关演讲者给听众的第一印象，对听众是否接受演讲者的观点、演讲能否取得好的效果有着重要的影响。演讲活动，尤其是演讲比赛，一般都会有主持人，有时候演讲者已经就位，但主持人讲话还没有结束，这时演讲者应该耐心等待，不要急着开口，打断主持人。上场前应再次检查自己的仪容。上场时的步伐可视演讲内容而定，一般来说要稳定、轻松、自信。身姿要挺拔，但如果根据演讲内容想营造一些特别的效果（如疲惫、兴奋等），则可用适合这些效果的特定步伐和身姿。一般情况下，主持人讲话结束后，演讲者可以留出两三秒钟的空档，让听众调整状态，做好注意力转换的准备，然后再开始演讲。

演讲开始一般可以用“Good morning/afternoon/evening”等问候语，但是否使用应视演讲内容而定。如果演讲开头是一个故事，并且希望给听众一种出其不意的感觉的，那么用“Good morning”等开始就不一定很好。有些演讲者有辩论经验，由于辩论计时非常严格，辩手开始发言时经常会说一句“My time starts — now”这样的话。若将这一做法带到演讲中，其实并不合适。演讲计时员非常熟悉自己的工作，演讲者应对他们有信心。

03 过程

我所说的“过程”，指的是演讲本身，即 the speech proper 或 the speech itself，也就是演讲者从开口到结束的这一段时间。在这段时间里，演讲者将演讲内容传达给听众，这是整个演讲活动中最为重要的部分。根据我自己参加或观摩演讲活动的经验，我认为以下一些比较重要的点需要提一提：

（1）语音

英语是我们的外语，在外语学习过程中，许多人对语音非常重视，渴望掌握一口标准的英音或美音，这无可厚非。但是，也有很多演讲者对自己的语音不够自信，总觉得自己有一点口音，认为“肯定不行”，反而加重心理负担，影响表现。事实上，即使以英语为母语者也会带有口音，只要不影响理解，口音并非障碍。

当然，这不能成为演讲者偷懒怠惰的借口。演讲者应追求清晰准确的发音——此处提到的 RP（received pronunciation）并非特指英音（如英国女王英语或 BBC 英语），而是指的能为广大听众普遍理解与接受的发音标准。当然，演讲者如果能说一口标准的英音或者美音固然更好，但仅有标准语音并不充分。首先，我们应该理解并接受多样化的口音，如澳洲英语、印度英语等；其次，根据演讲内容，我们还可能需要模仿不同身份的人的口音，比如英国北部口音、美国南方口音、法国人说英语的口音等。因此，演讲者对口音的态度一方面要宽容对待，另一方面要认真学习模仿。

（2）语调

与语音比起来，演讲中更为重要的是语调。语调就是说话的腔调，是说话时语音轻重长短、声调高低抑扬、语速快慢缓急的配置和变化。大家知道，英语有五种基本语调，即升调、降调、升降调、降升调和平调（平调还可以分为高平调和低平调两种）。对于语调的一般使用规则，大家也比较熟悉，如一般疑问句要用升调，陈述句结束时用降调，一个句子还没有结束、中间停顿时要用升调等。演讲者对这些语调的基本规则自然要了然于胸，但更重要的是熟悉语调传达情感态度的功能。比如，简单的一句“lovely weather”，如果用低平调说出，可能是敷衍的咕哝；用升调说出，可能是询问或者反问；用先降调后升调再降调说出，则可能是讽刺的反话。之所以说在演讲中语调比语音重要，就是因为语调是演讲中传达态度和情感的最主要工具，而态度和情感是表达观点最重要的因素之一，因而它密切关系着主题的阐发。演讲者应该根据演讲内容，恰当使用语调，有时候，一个简单的语调，使用得当，胜过一堆说明性的文字。

（3）身姿手势

演讲主要是用语言传达态度、表明观点、阐发主题，同时以肢体语言作为重要的辅助手段。因此，身姿手势也是演讲者需要加以重视的。一般来讲，演讲者从上台到演讲开始前这段时间，身姿应该挺拔、放松、自然，演讲结束后也一样。演讲过程中的身姿手势，则应根据演讲内容而定，在合适的地方，用肢体语言配合声音语言。例如，演讲内容传达坚定的态度和明确的决定时，可以辅以握拳或挥手；讲到畏惧心理，可以做出退缩的动作；要表达无奈，可以耸肩摊手，等等。有效地使用身姿手势，可以使演讲更为明晰、更加生动，加深观众的印象，让他们更好地接受演讲者的观点。

身姿手势的使用，可以根据演讲者平时习惯临场决定，但为了取得更好的效果，应该在演讲稿写作时就加以关注，对哪个地方使用什么手势，哪个地方身体采取怎样的姿势，预先都有一定的设计。演讲稿写作完成以后，在预演中对这些身姿手势进行观察与评判，不合适的要去掉或改正，不够有效的要加强。

需要提醒的是，有的演讲者身姿手势过于单调。比如演讲全程基本是无意识地在使用同一个手势（基本是为了配合语言节奏，并不是为了传达意义）。这样的肢体语言不仅不能对观点的传达起到辅助作用，反而会干扰观众的注意力，给他们留下不好的印象，需要有意识地加以纠正。反过来，一篇演讲中，身姿手势也不可过多，不可过于夸张，否则容易分散听众的注意力，减弱演讲本身的效果，过犹不及。身姿手势在演讲中的运用，也是需要练习的，待积累了足够的经验，运用也就能很自如，既经济又有效。

（4）步态

步态是指人体站立或行走时的姿态和动作模式。它也是身姿的一种，但在演讲中的作用有别于其他身姿，因此需单独讨论。

演讲者需全程注意步态管理，从上台至下台均需保持协调。除特殊表达需求外，登台时应步履轻松自然——过急显得毛躁，过慢则显得缺乏信心；演讲结束走下舞台时也一样，过急像是逃跑，过慢则显得拖沓。在开始演讲后，步态则应配合演讲内容，传达出各种情绪与态度。

演讲者在舞台上的站姿应自然放松，但需要特别指出的一点是，多数舞台，由于高于观众的视线，演讲者如采取平常生活中普通随意的站姿，在观众眼中会显得后仰，缺少精气神。因此，一般来讲，演讲者身体应略向前倾，双脚略呈丁字步，这样在观众看来才会显得挺拔。演讲者在舞台上可以也应该适当移动。如站在原位一动不动，会显得呆板僵硬。但也不可移动过多过急，过多过急则可能让观众眼花缭乱，影响演讲效果。

在舞台上走动这一点，说起来很简单，做起来并不容易，对于新手而言更是如此。我记得自己刚参加演讲比赛的时候，基本是站在原位不移动的，后来看一些有经验的选手很自然地在舞台上走动，效果很好，也就试着走了一下，结果刚刚迈开一步，就忘词了。后来经历多了，慢慢也就好了。从这一点来讲，演讲稿的记忆很重要，一定要滚瓜烂熟。当你不需要去想下一个句子是什么的时候，就可以分出注意力去思考如何走动了。当然，待你成了有经验的演讲者，配合演讲内容在舞台上移动就成了很自然的事，也就不再需要有意识地去想这个时候是否需要走动两步了。

（5）目光视线

俗话说“眼睛是心灵的窗户”，目光会准确地反映人的情绪与态度，演讲者要有意识地掌控目光。总体而言，演讲者的目光应镇定、自信与温和。登台时，可环视全场，再以尊敬的目光扫过评委，如同无声问候。需要注意的是，目光源于内心，唯有心怀温和与尊重，方能自然流露。演讲中，目光需随内容变化，传递震惊、坚定等情感；结束时，再次环视全场致谢。

演讲过程中，视线一般可以落在后排听众头顶以覆盖全场。若内容涉及特定群体或个人，则需注视对方。例如，我曾在一场演讲中提到："...today, at this moment, when my mum is with me for the speech, I find that her eyes are not on her mobile phone any more, but on me. ... Thank you Mum..."，眼光很自然地落到了我母亲身上，听众的目光也随着我的视线落到了她身上，收到了很好的现场效果。

对于刚参加演讲活动的初学者而言，难免由于紧张不敢与听众和评委对视，这是可以理解的。这种时候，演讲者可以采用虚视法，目光看似落在某个地方，其实什么也没有看，这个方法可以帮助克服紧张怯场的心理。当然，最好的还是要有与听众和评委的目光交流。随着演讲经历的增加，紧张心理的减弱，目光的运用也会逐渐自如、恰当。

（6）表演

演讲本身具有表演属性。此处讨论的"表演"特指通过声音、表情、动作等呈现角色、行为或情绪，虽不直接表达观点，却对内容起辅助作用。此类表演可以分为两类：第一类如"希望之星"演讲比赛初级阶段所要求的，在演讲中展示才艺，如音乐、舞蹈、武术等。这类表演通常仅要求展示，一般不需要用这些表演来说明观点和思想，展现的是演讲者平时在演讲外的才艺训练和积累。第二类则是结合演讲语言内容的表演，如用各种身体动作、表情、音质、语调等来体现演讲中涉及的各种人物、性格和情绪态度。在我看来，第二类表演更为重要，因为它不但为多数演讲所必需，而且是呈现演讲内容的有力支撑。尤其是许多演讲中可能有讲故事的部分，这一部分如果能表演得栩栩如生，恰当准确地展现人物性格、行为、口吻、腔调、情绪，则可使演讲生动有趣，吸引听众的注意力，而且能更好地支持自己的观点，阐明演讲的主题。即使没有故事，也应该能够恰当地用身体动作、表情、语调等来呈现演讲稿中所涉及的震惊、疑虑、悲伤、释然、欣喜等种种情绪和态度。因此，演讲者平时在生活中要注意多观察模仿，也可以多看一些戏剧、电影，提高自己的表演能力。

但有一点需要注意，那就是，演讲的目的不是为了展示自己的表演能力。表演只是辅助手段，它的目的是为了说明观点、阐释主题。因此，表演要掌握好度，不要让表演喧宾夺主，否则过犹不及，反而使演讲不能取得好的效果。现在有一些演讲活动过于关注表演能力，而对演讲内容和语言技能不够注重，我个人认为并不恰当。

（7）怯场

我们所说的演讲，一般都指公共演讲，是在公众面前的活动。观众的目光都聚集在演讲者身上，演讲者有紧张心理在所难免，尤其对于初次参加演讲的人来说，怯场更是司空见惯的事。那么如何克服怯场呢？首先，建立信心。告诉自己，经过了充分细致的准备，你的演讲不可能太差，至少能展现个人最佳水平。其次，正视不足。即使与他人存在差距，亦是进步空间，失败仅为成功积累经验。第三，接纳怯场。这种心理人人都有，你有怯场感也是自然的事情，坚信其可克服。第四，寻求支持。跟其他选手、同学、朋友、老师、父母等交流，以坦诚的态度与他们讨论自己的怯场心理，梳理一下自己在哪些情形下最容易怯场，并向他们请教如何克服。第五，运用技巧。比如，上场前和开始演讲前可以做深呼吸，尽量放松肌肉。有的人还会采取冥想之类的技巧。第六，充分准备。确保讲稿内容烂熟于胸，语调、动作设计清晰并通过预演模拟突发情况应对。若万事俱备，怯场自会消弭。

特别需要提醒的一点是，千万不要因为怯场而放弃。不管是比赛还是一般的演讲活动，一定要坚持完成。一次一次的坚持，最后终有成功。

（8）忘词

演讲中忘词是经常发生的。忘词的原因有很多，如紧张、现场突发情况干扰了演讲者的注意力等，但最重要的原因，还是演讲稿没有完全熟记。所以，若想不忘词，就要将演讲稿背到滚瓜烂熟的程度。

但是，演讲稿即使记得再熟，忘词也不是就完全不会发生。那么，该如何应对呢？首先，要培养自己真正“即兴”演讲的能力，也就是口头“写稿”的能力。演讲中忘词，一般不是将整篇演讲稿或大部分演讲稿忘却，只不过是忘了下一句或下几句话而已。但是，即使忘了词，演讲者对这一部分所要阐述的问题，心中是有数的，这个时候，就不要试图去回想到底是什么词，而应思考：我用什么话可以来说明这个问题？然后“即兴”讲下去。一般来说，讲了几句以后，原句又会浮现，也就又可以回到原来的讲稿上了。这时候，根据演讲的时间，可以对内容做适当调整，也就可以顺利完成演讲任务了。说到这个，又要提一下写稿的能力。有些演讲者自己不写稿，稿子都是由别人准备，这对自己能力的提高和应对忘词都没有好处。演讲者一定要训练自己写稿的能力，养成独立撰稿的习惯。自己写的稿子，思路脉络清晰，哪怕一时忘了几句，也能很自然地口头“接写”下去。

最要紧的是不要因为忘词而放弃。我曾经见过在大型演讲赛中因为忘词而中途放弃比赛的选手，深为他们感到可惜。

（9）自信

上面谈怯场的部分，已经谈到了自信。自信是指人对自己应付特定情境的能力所持有的信心。在演讲中，自信就是相信自己一定能完成演讲任务、取得好的演讲效果。要做好一件事情，自信是前提。但自信来自对自己的能力与准备工作的正确估量。要对演讲有信心，首先就必须对自己的演讲能力有信心，如对自己的语音、语调、肢体动作等有足够的信心；而获得这些信心，则须努力提高这些方面的能力，因此平时要注重这些方面的训练。要对演讲有信心，还要做好充足的准备，演讲稿记忆要烂熟于心，肢体动作要有恰当的预先设计与练习，预演要足够，对可能出现的突发情况要有应对措施。只有这样，才能谈得上有自信。

但应该清楚，自信不一定就能取得优异的成绩。因此，自信不能盲目，尤其是在比赛中，你相信自己已经做到了最好，但他人可能比你做得更好。所以，不要因为失利而低估自信的作用，更不应因此丧失信心。目光要长远，不要只盯住一次比赛的成绩，应该知道，参加演讲的目的是为了锻炼自己的能力，而不是仅仅为了获奖。当然，有了自信也不可自大，不要因自信而自傲、瞧不起人。即使自信给我们带来佳绩，也应始终以谦逊的态度对待演讲与他人，虚心学习别人身上更多的长处。

（10）问答

许多演讲设有问答环节——即在演讲结束后，评委向演讲者提问并要求在规定时间内作答。这些问题多数与演讲内容本身有关，是评委在演讲中发现了有趣的点，希望演讲者进一步阐述，或者是有疑问的地方，需要演讲者做更为清楚的解释。要在这一环节表现出色，需要注意以下几点。一是对自己的演讲内容要非常熟悉：演讲主要思想是什么，哪些地方可能不够具体，哪些地方可能会引起听众的疑问，要做到心中有数。二是做好准备，对以上评委可能会问到的问题，要提前思考应对答案。三是采用正确的回答方式：首先要对评委的问题做简洁、明确的回答。如果是一般疑问句，首先要回答“是”或“不是”；如果是特殊疑问句，首先要简明扼要地点出关键词或关键信息。这样的回答，能使评委很清晰地知道你的观点。然后，你可以对刚才的回答进行详细阐释。

阐释应该有明晰的结构，如“There are two reasons. One, ...Two, ...”等。最后，对刚才的回答做总结，再次阐明核心观点，呼应开头。一般来说，总分总结构是回答问题的理想框架。

在一些演讲活动中，需要回答的问题是提前设定的，可能与个人的演讲内容无关。对于这类问题，演讲者可以事先做一些准备。比如思考：当前的社会热点是什么？哪些热点与本次演讲活动关系较为密切？如果我是组委会成员，会希望提出什么样的问题？评委会希望选手有怎样的阐发？

不知道大家有没有注意过，在几乎所有的问题回答环节，当评委提了一个问题以后，选手大都会说一句“Thank you for your question.”。其实，这句话往往没有必要。虽然它表达了演讲者对评委提问的礼貌感谢，但评委真正想听到的是你对问题的回答，而非程式化语言。而且，经过长时间评审评委已经疲惫，若每位演讲者都重复这句话，评委其实是已经非常厌烦了的。所以，最明智的做法就是省去这一句，直接回答。当然，如果还没有想好如何回答，还需要一点时间思考，为避免冷场尴尬，倒也不妨说一句这样的话。但也可以有多种方法，如可以复述一遍问题、对问题本身做一点评价（如“Wow”“Aha”“This is a good question.”），甚至可以表示思考和迟疑（如“Well...”“Umm”“Uh”等）。总之，方法多样，不要千篇一律地用“Thank you for your question.”。

演讲者在问题回答环节最常遇到的困难，就是没有听清楚评委的问题。原因可能有很多，比如，现场音响效果不佳、评委声音太小、评委的英语有口音，或者演讲者对问题涉及的内容不熟悉等。碰到这种情况，最忌讳的有两点：一是为保“面子”，没有进一步搞清楚就贸然回答；二是支支吾吾，甚至僵在台上，一脸惶恐，说不出话。其实，评委通常能理解演讲者的难处，并愿意提供帮助。因此，如果未听清问题，演讲者不必惊慌，可以尝试复述问题或用“Do you mean...?”确认自己的理解是否正确。如果只是对问题中的个别词语和概念不清楚，也可以问“By xxx, do you mean...?”。一般来说，评委会友善回应这类澄清请求。经过解释后，一般都能明确问题的内容，这时再作答即可。当然，如果不幸出现评委解释以后仍不清楚问题的情况，那么，演讲者也应该按自己的理解尽可能地作答。如果还想问，最多再问一次，切忌反复追问，甚至纠缠不休。

演讲者回答问题时的态度应不卑不亢，热情自信。要用温和、尊敬的目光注视评委（适当的时候也可以将视线落在观众身上），千万不可流露不耐烦或傲慢的心态和神情。如果与评委对问题有不同见解，也可以以平和、礼貌、得体的语言来表达，而不需要在评委面前争辩，更不可与评委发生争执甚至争吵。问题回答环节虽然是对你的测试，但更是你与评委交流、留下良好印象、争取评委支持的重要机会。若利用得当，可为你的表现大大加分。

（11）突发情况

即使演讲者做了充分准备，演讲现场仍可能出现突发情况，比如音响、灯光等技术故障，评委或听众突然打断演讲，听众情绪波动或注意力分散，甚至现场秩序较为混乱等。碰到这些情况，首先不要惊慌，要沉着应对，待故障排除或现场秩序恢复后再继续演讲。要以宽容坦然的态度应对，切勿表现出不满，更不要将这些问题归咎于组委会、评委或听众。若时机恰当，不妨用一两句幽默的话来化解尴尬。

当然，在演讲开始前，演讲者可以有一些预案，设想可能发生哪些突发情况及应对方式。不过，真正到了实际的比赛现场，可能无暇思考，而且实际情况往往多变，这是正常的。然而，这并不意味着我们平时就不需要去思考这些问题。正因如此，我们更需要在平时多加练习，形成本能反应，这样比赛时遇到状况才能自然而然地妥善处理。

四、对评委的态度

前文关于问答环节的讨论中已经提及对评委应持的态度。无论在演讲的哪个环节，演讲者都应以礼貌、尊敬、诚恳和虚心的态度对待评委。评委的工作压力毫不逊色于演讲者，疲惫是评委工作的常态，尤其面对同一个主题的演讲时难免感到乏味。演讲者也要设身处地为评委考虑，切不可傲慢、冷淡或有敌对的情绪。若评委在提问时措辞未臻完善，或带有口音，演讲者应保持耐心，避免急躁。总之，秉持正确的态度至关重要。

部分演讲者希望赛前接触评委以“搞好关系”，这种做法并不可取，亦无必要。评委会公平对待每位选手。赛后也不必刻意接触评委，顺其自然即可。若遇合适机会，如评委主动交流，不妨把握机会，请教评委对演讲的评价，虚心求教，以促进自身提升。

五、演讲后的总结

有经验的演讲者，在每一次演讲结束以后都会认真复盘总结。复盘应重点关注演讲前的准备和现场表现，分析成功之处、不足之处及改进方向。复盘可与老师或其他选手共同进行，也可以独立完成；可以是口头交流或独立思考，但建议将各环节的反思详细记录，为后续演讲提供参考。这些记录经过汇总整理，日后甚至能成为宝贵的研究资料。

六、英语演讲能力的提高

要提高英语演讲能力，最有效的方法就是多参与英语演讲活动。通过实际演讲和复盘总结，可以积累经验、吸取教训，发现自身优势并改进不足。平时训练要取长补短，比赛时则要扬长避短。

演讲需要适当的表演技巧。如前文所述，表演能力可以通过日常观察和模仿来提升，也可以通过观看戏剧、电影等学习有用技巧，并在演讲中加以运用。然而，要提高演讲能力，最重要的是提高语言能力。提升英语能力的最佳途径是多阅读优秀英语作品，如经典演讲和文学作品。值得注意的是，英语能力的提升离不开扎实的汉语基础，因为语言能力本质上是思维能力的体现。因此，在提高英语能力的同时，也要注重汉语能力的培养：既要多读英语作品，加强英语写作训练；也要多读优秀汉语作品，提升汉语写作水平。

从演讲内容来看，出色的演讲需要广博的知识储备。平时要广泛涉猎各科知识，开阔视野，丰富思维，密切关注百科知识、国内外时事、社会热点和科技发展等。

当今世界多媒体技术高度发达，我们可以通过多种渠道观看优秀演讲视频。要提高英语演讲能力，建议多观摩经典演讲，尤其是历史上著名的演讲，揣摩优秀演讲者的语言表达和肢体语言，学习他们如何有效阐述观点、表达立场、感染听众，进而将这些优点融入自己的演讲中。对于英语演讲初学者而言，寻找一个榜样是很好的提升方法。这个榜样可以是现实中的演讲者，也可以是影视作品中的人物形象。初期可着重模仿其语音语调、表达方式和肢体语言，随后要着重分析这些表达方式的目的和效果。虽然初期你的演讲风格可能会明显带有模仿痕迹，但要记住：模仿不是目的，我们的目标不是成为第二个他人，而是成就独特的自己。随着实践的深入，你会逐渐形成自己的演讲风格。

七、人工智能与演讲

当今人工智能发展迅猛，已广泛应用于各个领域。在演讲方面，从稿件构思到内容呈现，我们都可以借助 DeepSeek 等 AI 工具获得帮助，尤其是在查找资料方面，人工智能的效率令人瞩目。但有两点需要注意：一是必须仔细核实人工智能提供的资料。人工智能同样可能出错，对演讲中所用的资料应当像科研数据一样确保准确可靠。因此，对人工智能提供的资料进行核实，是很重要的一点。二是不要让人工智能替代自己写稿。这有两个原因：第一，我们参与演讲，更为重要的是提高自己在思辨、语言等方面的能力。如果让人工智能完全代劳，就等于剥夺了提升自身能力的机会；第二，到目前为止，人工智能的写作能力虽然很强，但其产出往往流于表面，缺乏深度思考。更重要的是，演讲是高度个性化的表达，演讲者的情感特质和个人风格能为演讲打上独特的个人印记，而这正是演讲魅力的关键所在。目前人工智能尚难以准确体现个人风格和情感特质。总之，我们可以用人工智能来为我们提供帮助，但绝不能“越俎代庖”。

八、关于演讲与研究的一条建议

这里所说的“研究”并非关于演讲技巧，而是指对演讲主题的持续探索。演讲可分为两类：命题演讲与自选主题演讲。命题演讲是组委会给定一个主题或题目，演讲者围绕这一主题和题目进行演讲活动；自选主题演讲则是由演讲者自行选定一个主题演讲，演讲者有较多的选择空间。对于自选主题演讲，演讲者常常会根据当时的情况，如生活感受、学习所得等来选定主题。但是，这样的做法存在明显缺陷——频繁更换主题难以深入探索，更难形成深刻见解。最佳策略是根据演讲者的志趣确立核心主题，如公平正义、女性主义、科技发展或人文关怀等，通过系列演讲从不同角度持续探究。长期积累能使演讲者成为该领域的专家，最终实现厚积薄发，很可能会在这个方面有新的、深刻的发现和见解。反思个人经历，我的演讲主题过于分散，未能形成体系。如果能够早早意识到这一点，使自己的自选主题演讲形成一个系列，那肯定又是另外一幅不同的景象了，而且肯定能对自己今后的专业发展提供更大的助力。

九、国内主要英语演讲赛事及英语演讲参考资料

1. 国内主要英语演讲赛事（附网址）：

[1]“外研社杯”全国中学生外语素养大赛（https://events.fltrp.com/）

[2]“外研社·国才杯”“理解当代中国”全国大学生外语能力大赛

（https://ucc.fltrp.com/）

［3］中国日报社“21世纪杯”全国英语演讲比赛（https://contest.i21st.cn/）

［4］“希望之星”风采展示大会（http://www.staroutlook.com）

［5］希望之星暨希语盛典（http://www.otsuperstars.com/）

［6］WSDA 原创演讲比赛（https://www.thinkaloud.cn/）

［7］TOC 原创演讲比赛（https://www.asiatoc.org/）

［8］NHSDLC 原创演讲比赛（https://www.nhsdlc.com/）

2. 演讲的参考资料种类繁多，包括书籍、网络资源等。当今世界信息发达，一搜便能找到许多。这里略微罗列几种与英语演讲相关的书籍。

［1］Alexander, Marcus. The Public Speaking Bible: a Survival Guide for Standing on Stage. No Location: Marcus Alexander, 2020.

［2］Anderson, Chris J. TED Talks: The Official TED Guide to Public Speaking. Boston: Houghton Mifflin Harcourt, 2016.

［3］Berkun, Scott. Confessions of a Public Speaker. Sebastopol, California: O' Reilly Media Inc., 2010.

［4］Carnegie, Dale. The Quick and Easy Way to Effective Speaking. New York: Pocket Books, 1977.

［5］Carnegie, Dale & Esenwein, J. Berg. The Art of Public Speaking. No Location: Indo-European Publishing, 2022.

［6］Gallo, Carmine. Talk Like TED: The 9 Public-Speaking Secrets of the World' s Top Minds. New York: St. Martin' s Press, 2014.

［7］Gelb, Michael J. Mastering the Art of Public Speaking: 8 Secrets to Transform Fear and Supercharge Your Career. Novato, California: New World Library, 2020.

［8］Humes, James C. Speak Like Churchill, Stand Like Lincoln: 21 Powerful Secrets of History' s Greatest Speakers. New York: Three Rivers Press, 2002.

［9］Meyers, Peter & Nix, Shann. As We Speak: How to Make Your Point and Have It Stick. New York: Atria Paperback, 2012.

［10］Nihill, David. Do You Talk Funny?: 7 Comedy Habits to Become a Better（and Funnier）Public Speaker. Dallas, Texas: BenBella Books,

Inc., 2016.
[11] Noonan, Peggy. On Speaking Well. New York: Regan Books, 1999.
[12] Reynolds, Garr. Presentation Zen: Simple Ideas on Presentation Design and Delivery. Berkeley, California: New Riders, 2008.
[13] Safire, William. Lend Me Your Ears: Great Speeches in History. New York: W. W. Norton & Company, 2004.
[14] Sue Kay，樊葳葳，田朝霞，宿玉荣. 英语演讲选评 100 篇 [M]. 北京：外语教学与研究出版社，2013.
[15] 崔喜哲，陈瑞璞. 全球最励志英文演讲精选 50 篇——听演讲学英文 [M]. 北京：中国水利水电出版社，2014.
[16] 卿老师. 演讲思维：提升影响力的艺术 [M]. 哈尔滨：北方文艺出版社，2019.
[17] 石幼珊译，张隆溪校. 名人演说一百篇 [M]. 北京：中国对外翻译出版公司，1987.
[18] 陶曦. 英语演讲 [M]. 2 版. 北京：北京大学出版社，2023.
[19] 张玫，吴坤，朱丽丹. 英语演讲技巧与实践 [M]. 北京：中国人民大学出版社，2023.

以上所列出的，只是众多英语演讲资源中很小的一部分，希望对大家有所助益。这些资源浩如烟海大家可根据自己的情况和兴趣选用。

十、结束

关于英语演讲，虽然讲了很多，但仍恐挂一漏万。本文所呈仅提供了一些线索，期待大家能探索出更适合自己的方法。所述经验仅是我在英语演讲实践中的浅见，虽或缺乏理论深度，但已倾囊相授，但求启思明智。需申明：我的经验未必适合所有人，关键是要结合自身实际。相信通过不断学习、躬身实践和大胆求索，你们终将觅得直径。

在这条英语演讲之路上，我经历过泪水和欢笑，穿越过至暗时刻，也绽放过高光瞬间。泪水与黑暗鞭策着我，欢笑与光芒激励着我，无论成败，都是宝贵的历练。我将继续坚定前行。若你热爱演讲，尤其是英语演讲，请勇敢投入、热情拥抱。或许你未必超越他人，但一定会超越旧我。每一滴汗水，终将浇灌出更卓越的自己。

目　录

第二篇 余光——参考演讲稿

第一篇 聚光

——英语演讲实例分析

本篇为英语演讲实例分析，从实际参赛演讲稿的讲稿构思、遣词造句、展示技巧、比赛感悟四个方面进行剖析，揭示优秀演讲是如何炼成的。所选演讲稿均是我自己参赛所用的稿件。本篇由“点亮”“微光”“闪耀”三个部分组成。

我的英语演讲历程始于幼儿园时期。当时虽不能独立撰稿，但父母创作的每篇演讲稿我都全程参与了讨论。初期参加的多为小型赛事，随后逐步涉足全美演讲与辩论联盟（National Speech and Debate Association，NSDA）等专业赛事平台。四年级时，我首次参加“希望之星”英语演讲大赛，此后便将重心转向各类重要赛事。

这些演讲稿，即便早期由父母执笔，撰写过程中我都有参与。即使在我还不会用英文写作的时候，父母也总是拉着我一起讨论——从总体构思到具体事例，乃至语言表达，我们都会细致商议。后来，我的演讲稿基本转为独立撰写。当然，在创作过程中，我仍会经常与父母、老师和同学讨论，从他们那儿听取宝贵的建议。

除即兴演讲外，这些演讲稿均经过反复打磨：有的修改达十余稿，有的甚至完全重构，采用全新视角、语言或主题。凭借这些精心锤炼的演讲稿，我在多数赛事中均有获奖（部分奖项因年代久远未做具体说明）。

一、点亮

1. A Pig May Fly

Good morning, everyone. My name is Liu Zhi. I was born in 2007, a year of the pig. A pig? Yes, a pig. "Oh, haha, a pig," you might say. "Aren't pigs stupid?" Well, yeah, but, don't you know pigs may fly, too? "Pigs may fly." That's an English proverb. Right, I am not that smart. I am not that intelligent. But I have dreams. And I work! I work hard! I believe I can fly because I have dreams and I work hard to make my dreams come true.

Dreams can be big. Dreams can be small. Whether his dream is big or small, a pig may fly if he has a dream.

The American black poet Langston Hughes tells us that we should

Hold fast to dreams
For if dreams die,
Life is a broken-winged bird
That cannot fly.

If I hold fast to my dreams, I will be a strong bird. I will fly high. I will fly far. I will have a magnificent view of the world. I believe I CAN. I CAN fly. I can fly far and high, and have a wonderful view of the whole world. Because I work hard and because I hold fast to my dreams.

Dear friends, now you know pigs CAN fly. Then, why don't you, horses and dragons and tigers, why don't you come? Come and let's hold fast to our dreams and fly!

Thank you!

（238 词）

01 讲稿构思

关于“梦想”这个话题，已经有许多人写过也讲过。如何构思并呈现一篇别具一格的梦想演讲，是这里面临的最大难点。

演讲稿最好能与演讲者自身经历结合，这样会更有亲和力，演讲者对内容越熟悉，也就越能驾驭内容。我的属相是猪。在传统印象中，猪常被视为笨拙的象征。然而，英文中有句谚语“Pigs may fly.”，其含义类似中文的“咸鱼也有翻身的时候”。那么，猪要飞起来，需要什么动力呢？那就是梦想与努力。由此，这篇短短的演讲稿就有了反转、内在逻辑和清晰的实现路径这些成功的要素，再加上最后的 motion（提议、号召），结构就完整了。

但是，谈梦想很容易“空”。如何解决这个问题？是这篇演讲稿着重考虑的一点。本篇演讲稿引用了美国著名黑人诗人兰斯顿·休斯（Langston Hughes）诗歌《梦想》（“Dreams”）的一节，对这个问题的解决应该有较好的作用。

这篇演讲从我的属相入题，先抑后扬，以“Pigs may fly.”这句英文谚语为主线，中间穿插“Dreams”小诗，层层推进，突出梦想与努力的主题。

02 遣词造句

1）语言简易形象。本篇演讲稿的语言特别适合当时的我（幼儿园或小学低年级）。句子简短清晰，一听就懂，方便小朋友理解和记忆。同时，尽量使用生动形象的语言，如用“fly”（“飞”）代表“成功”，用“fly far and high”（“飞得远，飞得高”）代表“取得大的成功”等，这样的语言将抽象的道理转化为形象的画面，能给人留下较深印象。

2）大量运用并列结构。并列结构形式多样，其中平行结构（parallelism）是英语演讲中常用的修辞手法，它利用两个或两个以上结构相似、意义相近的语句，强化语言感染力。比如，本篇中“I am not that smart. I am not that intelligent.”“I will fly high. I will fly far.”等都是平行结构。后者不仅形成排比，更通过“高”和“远”的空间感增强画面效果。另外一种常见并列结构是对语（antithesis），即结构相同、意义相对的两个句子、分句或词组，能形成强烈对比，突出主题。本篇演讲中的“Dreams can be big. Dreams can be small.”就是典型的对语。这种正反对比能全面阐释概念，使理解更充分。

3）大量运用重复（repetition）。重复也是英语中一种常见的修辞手法。

恰当的重复能起到强调的作用，使听众对重要的信息加以更多的关注。本篇演讲虽使用简短的语句，但并不简陋，其中大量重复“I am”“I work”“I can”等。尤其是“I believe I CAN. I CAN fly.”，第一句用重音突出“CAN”，但特意省略完整语义，留下一点悬念；紧接着在下一句“I CAN fly.”中补充完整，将听众的注意力更好地吸引到“CAN”和“fly”两个词上。这样的语句有利于增加节奏感，营造一种层层推进的效果。

4）引用（quotation）。本篇演讲引用了美国诗人休斯的诗句，不但使主题升华，而且由于这首诗节奏分明，音调饱满明快，更从听觉感受上提升了演讲的感染力。

03 展示技巧

1）语调变化。这篇演讲稿采用了比较多的重复句式，通过不同的语气语调强化表达效果，尤其对多次出现的“CAN”加重读音。另外，本篇演讲整体属于先抑后扬的结构：第一段（铺垫段）语气平缓谦和，后两段（高潮段）逐渐转为激昂语调，尤其在呼吁共同努力、坚守梦想时，以铿锵声调传递坚定决心。相较写作，演讲的核心优势在于可更充分地运用语气语调传递深层含义。

2）互动。演讲开头采用了一些问句，表示困惑感，讲述时需用疑惑的语气和询问式肢体动作，同时眼神自然呼应。

04 比赛感悟

这是我第一篇获奖英文演讲稿。当时我还小，尚不会独立撰写英文稿，甚至基础英文写作都有困难。稿子是父母与我讨论思路后，由他们执笔拟就，完稿后我们又一同修改润色。演讲由某机构主办，我反复背诵练习、精心打磨。最终演讲成功获奖——虽是无名次的小奖，却给了我莫大的激励。后来我能坚持在演讲辩论道路上行走，这个奖可谓功不可没。它印证着：演讲道路上任何微小的成就，都是珍贵的鼓励。

2. Elon Musk's First "Bamboo Pole"

Our world is a big one. So big that you can't just want to go anywhere you want. It will even take about more than ten hours for an airplane to get to the United States from China. Only Monkey King can do a somersault and arrive in New York in a wink of time. Human beings? No way.

But sometimes the world is so small. You may be strangled in a small village and can't get out of it at all.

My father's hometown is such a small village in the remote mountains in Zhejiang province. Every year, we'll go there and visit my grandmother. Every year when we go there, I will have to just sit in the yard, stare at all the bamboo groves around on all the mountains, and wonder what use all the bamboo is and when I will get out of the mountains.

One evening on such an occasion, I was sitting in the yard and staring at the bamboo and looking up at the bright stars in the sky. Just when I was about to doze off, a star shot down from the east and landed right before me. It sputtered and, "Zoom," the Monkey King stood right in front of me.

"Monkey King! How come you have come to me?" I was so surprised.

Monkey King grinned at me and said, "I know you have always been wondering how we can get to the other parts of the world quickly and what use all the bamboo is. I'll show you."

With that, a bamboo pole appeared in his palm. "Get in," he said. I was still wondering when I was suddenly sucked into the bamboo pole and was flying through it. I don't know how long it took but it felt like just a few minutes before I set my feet on a cool marble courtyard. A beautiful lady came up to me and said, "Welcome to the moon."

What?! I was on the moon? "Yes," said the lady. "And I am Chang'e."

"How much time did it take us?" I asked Monkey King.

"One minute and forty seconds," he said.

"Wow! That was fast," I said.

Chang'e invited us to a party. At the party she introduced me to a man named Elon Musk. Mr. Musk had come to the moon in a rocket he designed, made, and named Space X. He was from the United States and he was trying to produce unmanned cars. He was very successful there but he told me that he had got stuck somewhere.

"What's that?" I asked.

"Well, I'd like to make the world smaller but it has been very hard for me," he sighed.

"What is the problem?" Monkey King asked.

"Well, the unmanned car doesn't need any man to drive, but the problem is that it can't go very fast and arrive in another place of the world in a few minutes. I'd like to have something that will enable us to arrive at the other end of the world in a few minutes."

"Why not use Monkey King's bamboo pole?" I suggested.

Monkey King said, "You can only find bamboo in Asia. Not much bamboo in the States. But anyway, it won't do you any harm to take a ride in my bamboo pole."

So, Monkey King and I took Mr. Musk for a ride through the bamboo pole from the moon to my grandmother's courtyard. After my grandma had treated us to some wonton and dumplings, Mr. Musk said, "Monkey King and Bobby, thank you so much for the ride. I've got an idea. The bamboo pole is a tube, right? I will make a tube underground that will take people from one end of the world to the other in a few minutes."

Well, that was what I went through that evening in my grandmother's yard. I haven't heard from either Monkey King or Mr. Musk ever since. But two days ago when I was surfing on the Internet I came across this news story: "30 Seconds from Hawthorne, California to Los Angeles Airport: Elon Musk's First 'Bamboo Pole' Ready in Use" . His Boring Company has really bored a tunnel! And he named it "Bamboo Pole" !

Right at that moment, my phone buzzed. "Hello," I said. "Hi, this is Elon." It was really Mr. Musk's voice. "I have named my first tunnel 'Bamboo Pole'. Thank you very much. And I'm going to call Monkey King now. You are welcome to take a ride in my Bamboo Pole anytime."

（759 词）

01 讲稿构思

2018 年，我参加了“阅读·悦成长”英语阅读素养盛典——“外研社杯”中小学生英语阅读展评活动，最终荣获全国总决选小学高年级组冠军。这是我首次参加正式演讲比赛。比赛环节多样，包含故事朗读、阅读能力展示演讲以及即兴问答等。本篇演讲稿用于第二环节的阅读能力展示演讲。该环节要求参赛者阅读一本书并改编其故事，我选择的是《美猴王》（*Monkey King*）。当时，马斯克（Elon Musk）旗下的隧道工程、无人驾驶汽车、Space X 等项目已成为科技界的热门话题。每年我都会随父母回到父亲的老家小住几日。父亲的老家坐落于山坳之中，山上遍布毛竹，我常常好奇这么多的毛竹究竟有何用途。改编后的故事便从我在这山村小院里的遐想开始，巧妙融合了毛竹、孙悟空、嫦娥、马斯克及其科技项目等元素，将现实与传说、幻想与科技交织在一起。正是这种从现实出发，将阅读汲取的传说、幻想与前沿科技相结合的特质，成为这篇演讲最引人入胜之处。

02 遣词造句

1）叙述性语言的使用。既然是改编故事，核心就在于讲好这个故事。因此需要充分运用叙述性语言来增强故事性。这要求情节设计有起伏曲折（展现问题从产生到解决的过程），场景安排有空间转换（例如从地球山村到月球，或跨越中美等国），时间线安排有跨度变化（比如从相对久远的过去延伸到近在眼前的两天前）。

2）细节与真实性。要让故事引人入胜，细节和真实感至关重要——即使是幻想题材也不例外。这篇演讲稿中运用了较多的对话和具体词汇（如“sputtered”“Zoom”等），以及融入马斯克的研究成果和新闻标题，都有效增强了故事的真实感。

3）对比的使用。幻想与现实、中国的传说与马斯克的科技研究之间，本身就构成了鲜明对比。另外，在细节处理上，第一段强调“Our world is a big one.”，第二段随即转折为“But sometimes the world is so small.”，这种强烈的对比成功设置了悬念，自然引导听众去探究“为什么”。

4）典故的串联。在演讲中，寻找典故并将其有逻辑地串联起来并非易事。这篇演讲巧妙地将孙悟空、嫦娥和马斯克联系起来，其共同点就在于“飞翔”这一特质。其中，我选择了孙悟空和嫦娥的典故，爸爸则提供了马斯克的新闻创意，实现了古今中外元素的有机融合。

03 展示技巧

1）不同人物角色的展示。这篇演讲中涉及不同的人物，需要模仿不同的声音语调去展示，这个方面我做得不是很好。我没有很好的模仿能力，所有角色几乎使用同一个声音展示，少了一点绘声绘色。对声音技巧的掌握、用语言展示人物性格，是演讲中很重要的一点。希望读者朋友们能吸取我的教训，在这方面做得比我好。

2）想象力的传递。这篇演讲稿中，充满天马行空的想象，需要不断地在听众脑海中敲响“叮叮叮”的声音，让人物在脑海中活起来。这些需要用语调来传递，同时配上恰当的动作。

04 比赛感悟

本次比赛稿件内容较长，又涉及不同的人物，我讲得不是很好。然而，最大的收获在于：为准备这些人物的演绎，我阅读了一些相关的文献，对人物历史和背景有了更好的了解，拓宽了知识面。

3. *Romeo and Juliet Lived Together Happily*

Everyone knows the story of *Romeo and Juliet*. The two lovers loved with a love that was more than love. But because of the hatred between their families, they died. Right? This is Shakespeare's version. I know the true story.

How come? Because I am Romeo's great-great-grandson.

Yes, everything went just as you know—until the last moment. When Romeo saw his dear Juliet lying there motionless, he thought she was dead. His heart broke, and he raised a small green bottle to his lips. "Poison, oh poison, take me to my love in death." But he was so sad that his hands trembled, and he dropped the bottle. With the sound of the bottle breaking, he heard a sigh! It was Juliet! She opened her eyes and sat up! The magic liquor she had taken worked and now she had woken up. Oh, Romeo was wild with joy.

Romeo and Juliet lived together happily ever after, and they had many, many children and grandchildren. One of them is me!

（174 词）

01 讲稿构思

这是我参加 2018 年“阅读·悦成长”英语阅读素养盛典暨“外研社杯”中小学生英语阅读展评省赛故事演讲环节所用的演讲稿。这个环节同样要求阅读、改编故事，用演讲呈现。我选择了改编《罗密欧与朱丽叶》。这个故事广为人知，若原样呈现，吸引力难免不足，也很难传递个人思想。因此，我将故事作了反转，赋予自己一个想象出来的身份，即罗密欧的曾曾曾孙。《罗密欧与朱丽叶》的故事本是悲剧，读者都希望有情人终成眷属。我在设计演讲稿的时候利用这个心理期待，将悲剧故事改成了喜剧故事，以期获得听众的喜爱。

这一演讲的难点在于需在两分钟内讲一个令人易于接受的故事。因此，故事要紧凑，语言要简洁，悬念感要强烈，逻辑要严密。本篇演讲稿仅短短四段：第一段通过设定反转身份制造悬念；第二段交代背景设定；第三段讲述关键情节；第四段模仿传统故事结尾做总结，并再次点明身份设定。

02 遣词造句

1）典故的运用。《罗密欧与朱丽叶》的故事本身就是一个典故，熟悉的故事能很好地将听众带入情境。另外，“The two lovers loved with a love that was more than love.”化用了美国诗人爱伦·坡（Edgar Allan Poe）诗歌“Annabel Lee”中“We loved with a love that was more than love.”这一个典故，形成互文，更加凸显了罗密欧与朱丽叶之间炽热深沉的爱恋。

2）戏剧语言的模仿。《罗密欧与朱丽叶》源自莎士比亚的戏剧，因此，戏剧语言的适当使用，既能交代故事的出处，又能使人产生身临其境的感觉。演讲稿中的“Poison, oh poison, take me to my love in death.”出自我所读的原著，是典型的戏剧语言，在此处使用效果突出。

3）重复手法。演讲稿模仿传统故事，大量运用重复手法。故事一开始，“The two lovers loved with a love that was more than love.”就不断重复“love”这个词，算上“lovers”，一个句子中共使用了四次，不但不断强化意义，而且形成强烈的叠声效果，讲出来朗朗上口，令人印象深刻。其他重复的词语有“great”“poison”“many”等。

4）长短句交错。长短句交错是好文章经常使用的一个技法，尤其是在长句后使用短句，往往能收到干脆有力、言尽而意不尽的效果。本篇演讲稿注重使用该技法，第三段和第四段末尾两个短句都起到了画龙点睛的作用。

03 展示技巧

这篇演讲要突出情节翻转带来的意外惊喜。所以，在语气上需要传递出意外和惊喜的情绪。这确实很难把握，只能根据现场的情况来进行语调的升降变化。比如“Right?”“How come?”表示疑问，第三段的“Yes”表达对听众原先期待的承认，这几个词可以用升调。第三段带感叹号的三个句子表示震惊和出其不意，在展示时一定要突出这种意味，需加重语气，不但要使用降调，而且音量上也要适当提高。

04 比赛感悟

这篇演讲稿因为词数限制，较难出彩。好在它改编的是一个有口皆碑的故事，对原作结局作了反转，弥补了一些悲剧故事的遗憾，能够迎合听众的心理。但是整体来说，其主题不够有深度，语言也较为简单。因此，在比赛中并不是很有优势。虽然最终晋级全国总决赛，但并未取得特别突出的名次。

4. The Mark of Love

Good afternoon. My name is Bobby. Do you want to possess magical powers? Maybe to fly on a broom? To transform a boy into a girl? To move a castle from Germany to Italy? How wonderful it would be! This was what Harry Potter's parents think for their son!

Potter's father and mother were two great wizards. But soon after Potter was born, they discovered that he was to be just a normal kid without any magical power. How sad his parents were.

They were so concerned. They went to ask Merlin, King Arthur's greatest wizard. Merlin told them the only way was to transfer their powers to Potter on a lightning night through the ring from the Dark Lord, Sauron, at the sacrifice of their own lives.

On a dark, dark night, with thunders rumbling louder and louder and lightning flashing nearer and nearer, Potter's parents started to work magic. They transferred all their powers to the ring and put it on Potter's finger. Crack! Flash! The lightning hit Potter's parents. At their last sight, they saw the ring became a lightning flash, shining up onto Potter's forehead.

Potter acquired the greatest magical power and the scar of lightning on his forehead.

That was a scar of power. But it was more a mark of love.

（217 词）

01 讲稿构思

2018 年，我晋级“阅读 · 悦成长”英语阅读素养盛典暨“外研社杯”中小学生英语阅读展评国赛。国赛的第一个环节仍是改编故事。鉴于觉得省赛演讲稿《罗密欧与朱丽叶》的故事主题深度不够，所以弃而不用，转而改编《哈利 · 波特》的故事。我重新设定了哈利 · 波特额头上的闪电状伤疤的来历，同时糅合进了《魔戒》和英国神话传说中的元素。本篇演讲通过这个故事，旨在展现父母对于子女伟大的爱，从主题深度上讲，这无疑超越了之前改编的《罗密欧与朱丽叶》的故事。

02 遣词造句

1）情景细节描述。本篇演讲稿（或故事）需要着重进行情景细节描述，并大量使用叙述性语言。特别是第四段对魔法能力转移场景的描绘，要特别注重细节刻画。通过拟声词如“rumbling”（低沉的轰鸣）、“crack”（尖锐的爆裂）来模拟闪电与雷声，以及动作动词如“flash”（闪现）的运用，力求在听众眼前展现一幅生动的魔幻画面，使他们仿佛能听见当时的声响、看见当时的景象，从而身临其境。

2）重复手法的运用。讲故事就要用讲故事的语言，因此这篇演讲稿较多地使用了重复手法，如“dark，dark”“louder and louder”“nearer and nearer”等，目的是营造氛围，使故事更为生动，更能吸引听众。

3）平行结构和对语的运用。传统故事中向来有很多的平行句式，本篇演讲稿也较多地使用了这种结构的。“thunders rumbling louder and louder and lightning flashing nearer and nearer”就是比较典型的一例。其实，演讲一开始四个设问句中的动词不定式结构，也是平行结构。最后一段的“That was a scar of power. But it was more a mark of love.”是对语，通过相同的结构、不同的意义形成对比，第二句不但在第一句的基础上添加了新的信息，而且深化了思想。这样的句式结构能给听众留下更强烈、更新鲜的印象。

4）设问句的运用。优秀的演讲者常以问题开场吸引听众。本篇演讲稿开头就连用四个设问句，并且直接向听众发问，能有效增强交流感，吸引他们继续聆听。关键在于，这类直接面向听众的问题，必须确保它们切中听众关心的要点。如果提出的问题并非听众所关注，则很难达到预期效果。

5）用细节深化笼统信息。演讲旨在以语言感染人，而笼统的语言往往缺乏感染力。因此，演讲中应将笼统的信息通过细节语言加以阐述和深化。例如，第一段第一个设问句中的“to possess magical powers”（拥有魔法力量）是一个笼统概念。那么，什么样的能力才算是“magical powers”呢？于是，紧随其后便用三个具体的例子：“to fly on a broom”（骑扫帚飞行）“to transform a boy into a girl”（把男孩变成女孩）“to move a castle from Germany to Italy”（把城堡从德国搬到意大利），将这一概念具象化，使语言更加具体生动。

03 展示技巧

1）问句与感叹句的语调。演讲开头的四个连续问句，需要富有感情的语调展开，以期唤起听众共鸣。紧随其后的两个感叹句，则意味着要用肯定、有力的语气来呈现，在力度上与前面的问句形成鲜明对比。

2）语气节奏。讲述故事应运用多种语气以适应不同传达目的。本篇演讲稿第四段描绘故事情景，开头有较多重复句，讲述时可用略带低沉的语气和较为缓慢的节奏，娓娓道来。随后，语气可渐趋紧张，节奏逐渐加快，尤其到“Crack! Flash!”处，音量最重、节奏最快，营造紧张感（需注意，“Crack!”与“Flash!”之间要留出适当的停顿以作区分）。之后节奏逐渐放缓，至第五段讲述魔力转换结果时，用平和的解释性语气。第六段是故事总结和主题升华，在第五段与第六段之间，需要较长的停顿。

3）适当的化妆与恰当的动作。为了契合演讲的魔法主题，我特意在额头绘制了一道明显的闪电疤痕，并用树枝充当魔法棒。讲故事时，恰当的肢体语言能极大提升效果。遗憾的是，我并非是一个擅长肢体表演的演讲者。为了弥补这一不足，我只能更专注于语言表达的打磨。建议对演讲有兴趣的朋友平时也可以加强肢体表演的练习。

04 比赛感悟

这篇演讲旨在充分展现父母对孩子无私的爱——为了孩子不惜牺牲自我的伟大。在演讲之前，我着重回想父母对我的关心和爱护，提前酝酿感情，以更好地传递演讲的主题。闪电疤痕的妆容和感情的传递都是很成功的。凭借饱含感情的演讲，我成功晋级决赛，并且在决赛的问答环节表现出色，最终夺得冠军。

5. Songbirds Phonics: Sue Kangaroo

The book I read was *Sue Kangaroo* in the "Songbirds Phonics" series, the collection that started my reading journey when I was 5. At that time, I was a seed buried deep down under in the earth, but with "Songbirds Phonics" , I started to sprout into a colorful world. How did they work wonders for me?

Take *Sue Kangaroo*. There are three parts that made me learn to read and read to learn.

First, there is phonics. I learned to read words with letter combinations. For example, I came to know that "oo" , "ue" , and "ew" are pronounced as /u:/. So I easily spotted out words like "school" , "spoon" , "blue" , "Prue" , "drew" , "screw" , etc. Wow, spelling suddenly became so easy. Reading suddenly became so easy.

The second part is the story. I learned that schools provided many activities, like painting and music. I learned that I would have friends and would feel guilty or sad as well as happy.

But it is the third part that made me read to learn. That is the author. I liked the books so much that I was eager to read all the books by Julia Donaldson. Guess what I found? *The Gruffalo, Room on the Broom, The Snail and the Whale,* and many others.

I am grateful to "Songbirds Phonics" . It started my reading journey.

（224 词）

01 讲稿构思

本次演讲是我晋级"外研社杯"中小学生英语阅读展评全国总决赛后的展示环节。该环节要求选手选择一本已读书籍，绘制思维导图，并分享阅读收获与感悟。我选择了外语教学与研究出版社出版的《丽声拼读故事会》(*Songbirds Phonics*）系列中的 *Sue Kangaroo* 一书。演讲以"阅读之旅"（reading journey）为主线，运用"种子发芽成长"的隐喻，来介绍我的阅读经历。演讲内容（及思维导图）提炼了该书的核心内容，重点突出了其教学目标，聚焦于"learn to read"（学习阅读）和" read to learn"（通过阅读学习）这两个层面。诚然，

"read to learn" 是所有参赛选手都会涉及且必须阐述的要点。但在构思本次演讲时，我特别思考了如何超越这一普遍层面，进而溯源至阅读的基础阶段——"learn to read"。正是将"learn to read"确立为演讲的核心骨架，使整个内容呈现出独特的视角。此外，演讲中也介绍了该作者的其他作品，旨在让听众更全面地了解我的实际阅读广度，同时希望能为大家提供一些启发。

02 遣词造句

1）清晰的结构。受限于时间，演讲无法展开详细论述，只能聚焦核心要点。但即便是短篇演讲，也需结构清晰，更何况本篇侧重学术内容介绍，清晰的框架结构尤为重要。演讲采用"总—分—总"结构：开篇总述后，主体通过"first""the second part""the third part"清晰划分层次，进行条理阐述，力求逻辑严谨。其中，第三点"it is the third part that made me read to learn"运用了强调句型（分裂句），用以突出重点，将主题从"learn to read"升华至"read to learn"。

2）隐喻的运用。演讲开篇即运用隐喻（metaphor），将阅读经历比作一次"journey"（旅程），随后将自己喻为深埋地下的种子，在阅读的滋养下开始发芽成长。隐喻能将抽象概念具象化，赋予画面感，在阐释抽象主题时效果显著。

3）注入情感与互动。学术性演讲的情感表达容易趋于平淡，因而较难激发听众共鸣。为弥补此点，我有意识地采用儿童视角和口吻，运用了情感色彩强烈的词语（如"Wow""so easy"）和句子。同时，通过"How did they work wonders for me?"和"Guess what I found?"等修辞性问句（rhetorical questions）增强互动感，拉近与听众的距离。这种手法能以简练语言传递丰富含义，表达有力而深刻。

4）声音效果的营造。第三段介绍读物中的 /u:/ 音，既是为满足演讲要求（介绍内容），也有意识地选取了包含头韵（alliteration，如"school""spoon"）和谐音（assonance，如"blue""Prue"）的例词。这些声音重复（sound repetition）手法的运用，为演讲增添了悦耳的音韵效果。

03 展示技巧

1）停顿。这种偏重学术性的演讲，语速不宜过快过急，应重在清晰的意义传达。各部分之间应留出足够的停顿时间，以体现清晰的结构区分。另外，演讲内容中有一些拼读的知识点，在讲解的时候一定要注意做适当停顿，让听众有足够时间消化。

2）手势。在说明第一点、第二点、第三点的时候，可以自然地用一个手指、两个手指、三个手指来示意，提醒观众要点。同时，既然是按思维导图做演讲，演讲过程中一定要充分利用导图，根据演讲内容适时用手指对导图的各个部分做适当指点或画圈等。需要注意的是，在这个过程中，不要将手指一直停留在导图上，以免“喧宾夺主”，抢了观众的视觉注意力，影响演讲的效果。

04 比赛感悟

这篇演讲的定位更像是一位小老师在教授知识点。因此，在演讲时，我模仿了平时在家当小老师的范儿，将语气、语调、手势与思维导图相结合，把面前的评委想象成我的学生（实在不好意思啊！），努力清晰讲解各个知识点。在大专家（评委老师们）面前，尝试以“小老师”的身份和视角进行演讲，这无疑是本次演讲最大的亮点。现场效果非常好，演讲成功吸引了评委的关注，其中一位评委还就拼读知识点提出了问题。由于提前准备过类似问题，我不仅流畅作答，还自然地与提问评委进行了互动，表现相当出色。（备赛提醒：对于设有问答环节的比赛，务必提前针对可能的问题做好准备。不妨换位思考：如果你是评委，听完这篇演讲，会提出哪些问题？你期待什么样的答案？能否给出既出人意料又合乎情理的答案，令人耳目一新、由衷赞同？）最终，我在这次“阅读·悦成长”比赛中，荣获全国总决选小学高年级组冠军。

6. Will AI Wipe Out Educational Inequity?

Good morning, ladies and gentlemen. Today, I would like to talk about artificial intelligence and educational inequity. Will artificial intelligence, or AI, wipe out educational inequity?

One day when I was surfing on the Internet, I came across a picture posted by the World Inequality Database on Education. It shows that "in 40 out of 93 countries, fewer than 50% of the poorest children have completed primary school."

As a primary school student myself, I was shocked by the stark reality that in this world there are so many children of my age unable to receive a proper education while I sometimes complain about the hard school homework.

This must be one of the most pressing problems of human development that need to be solved.

Then how?

Two words flashed past my mind. Artificial intelligence! Yes! With AI, we can create human—like machines and deliver them to remote and poor places and countries. Then, all children will have a robot teacher and there will be no more educational inequity!

I considered this a wonderful idea and asked my parents, both teachers, "Could we use robot teachers with AI technology to teach children? Then there will be no educational inequity in the world." My parents said, "Yes, we CAN and WILL use robot teachers. But educational inequity will still be there."

I wondered what and why and I did some searching and researching. You know what? When we talk about educational inequity, we may highlight knowledge, information, skills, etc. But educational inequity in the future will be more concerned with the distribution of good teachers. My parents said, "Good teachers will never be replaced! There is only one Confucius in the world. Even when you produce Robot Confuciuses with all Confucian philosophy crammed into them, you still cannot deny there is only one Confucius in the world."

Why? Because educational inequity lies not only in the delivery of information, knowledge, and skills, but more in the influence of teachers' habits, beliefs, and values.

The German philosopher Karl Jaspers says, "The essence of education is to develop freedom and awaken spirit." Another German philosopher Eduard Spranger observes that the ultimate purpose of education is not to pass what you have had, but to inspire and to awaken human creativity. In Karl Marx's words, the very core of education is to awaken. We may conclude all these wise statements with Albert Einstein's assertion, that is, education is to make a person human.

All these ideas and understandings about education actually have nothing to do with the resources that an AI robot teacher may store. They have more to do with the human relationship of a student with a good teacher.

When you score two out of 20 questions, a robot teacher gives you a cold mechanical utterance, "Carry on. You could be better." But a good teacher will draw a smiley beside the mark and give you a hug and say, "Two is better than none. You can get more next time." This makes the whole difference in education.

If AI robot teachers cannot work the wonders that human teachers can, if they cannot encourage passion that human teachers can, if they cannot awaken the soul that human teachers can, how can they be good teachers? How can they replace human teachers? How can AI wipe out educational inequity?

I do not doubt that AI will greatly help enhance education. It will help to solve the problem of educational inequity to some extent. But to completely wipe it out? Definitely not. At least not in the foreseeable future. To wipe out educational inequity, we do need artificial intelligence. But human intelligence is what we need more.

Thank you!

（615 词）

01 讲稿构思

这是我第一次参加 NSDA（全美演讲与辩论联盟）原创演讲比赛的讲稿，时间在 2018 年。稿子探讨了 AI 发展与教育公平的关系，认为 AI 有助于改善教育资源分配，但教育的精髓在于教师的激励作用——激发人的觉醒与精神成长。因此，消除教育不平等的根本在于人，而不在于 AI。当时，我尚不具备独立撰写如此复杂、探讨深刻问题演讲稿的能力。稿子是在我和父母深入讨论后，由他们执笔完成的。

我的演讲稿结合自身经历，先提出“能否利用 AI 消除教育不平等”这一问题，然后利用数据、名人名言等逐层加以讨论，最后得出结论。稿子的优点是立意高远，理论性较强；其弱点在于内容较为抽象，不易引起听众共鸣。

稿子全文共 614 词，考虑到可能无法在规定的五分钟内完成演讲，根据当时的设计，如果时间不够，最后一段可以删去。

02 遣词造句

1）修辞性问句的运用。修辞性问句是英语中的一种修辞手法，包含设问和反问。恰当使用修辞性问句，可以激起听众的兴趣，还能以较少的语言传达较多的意义。演讲稿第一段就提出问题：“Will artificial intelligence, or AI, wipe out educational inequity?”，直入主题，整篇演讲围绕这一问题展开。以问题开门见山，能使演讲主题清晰，并引起听众兴趣。在演讲中间部分，又使用了“Then how?”“Why?”等设问句，能持续吸引听众注意力，并将探讨引向深入。第 13 段的三个反问句“How can they be good teachers? How can they replace human teachers? How can AI wipe out educational inequity?”，不仅使语言精练、语气强烈，更使人无法否认探讨所得出的结论。第 14 段采用“But to completely wipe it out? Definitely not.”的自问自答形式，同样营造出毋庸置疑的效果，让听众不由自主地认同。

2）平行结构的使用。平行结构是演讲中常见的修辞手法，它具有突出重点、增强气势等作用。本篇演讲稿第 13 段全部用平行结构，以三个“if”和三个“how”开头的句子，强化了所阐述的观点，并使演讲更具韵律感。

3）引用名人观点。本篇演讲引用了 Karl Jaspers、Eduard Spranger、Karl Marx 和 Albert Einstein 的论述，来佐证自己的观点。恰当的引用不但可以使论证省力，而且可以使观点更为有力。

4）数据支撑。说理性强的演讲稿，最好能有数据支撑。本篇演讲稿援引了 the World Inequality Database on Education 的数据“in 40 out of 93 countries, fewer than 50% of the poorest children have completed primary school”，说明教育不公平的严重程度。本篇演讲稿虽然引用的数据不多，但其精准性为演讲提供了较强的说服力。

03 展示技巧

1）语气语调。本篇演讲可以归类为学术说理型演讲。学术说理型演讲在展示中基本以平实、清晰为主，因此语气语调上应力求意义传达清晰、到位，语速宜不急不缓。但是，在重要的意义点上，如“Definitely not”“human intelligence is what we need more”等结论性的词句，一定要加以适当的强调。

2）不同人物口吻的模仿。本篇演讲稿中有我自己的语言，也有我父母和老师的话语，甚至模拟了机器人的声音。这些不同角色说的话，最好能以不同的口吻呈现。比如，可以用机器声呈现机器人老师的声音。所引用的名人名言也可以尽量用符合其身份的口吻来传达。不同人物口吻的模仿，能增强演讲的趣味性，也能增强说服力。

3）肢体语言。学术说理型演讲对肢体语言的要求虽不像故事性演讲那么强，但是，本篇演讲以叙述开头，中间也有对不同人物的语言转述和动作的交代（如老师画笑脸和拥抱），这些部分都可以用恰当的肢体语言加以辅助，以增强画面感。语气较强的地方，也可以用手势加以强调。

04 比赛感悟

NSDA是美国历史最悠久、规模最大的中学演讲与辩论组织，其赛事于2012年引进中国，后改名WSDA（WeSchool Speech and Debate Association，中学生演讲与辩论联盟）。原创演讲是NSDA/WSDA演讲与辩论赛事中一个重要的组成部分。在2018—2022年期间，我参加了很多原创演讲比赛，从最开始搜索主题，到磕磕绊绊背诵5分钟的稿件，到能独立完成一篇10分钟的优质讲稿并登台流畅演讲，期间付出了许多努力。

这次演讲是我第一次参与NSDA原创演讲比赛，比赛在济南举行，演讲时间是5分钟。当时我还没有做过这么长时间的演讲。我对自己的记忆力有盲目的信心，直到比赛前一天出发去济南时才开始背诵稿子，结果，一路上注意力无法集中，再加上稿子内容对于当时的我来说有较大难度，到了晚上十二点我还没有很好地将稿子完全记下来。这第一次NSDA演讲有我的泪水。第二天起床，我再次熟悉了一下稿子就去比赛了。NSDA初赛的规则是每一位选手需前往不同的比赛室，面向不同的评委进行演讲。也就是说，同一篇稿子要演讲四五遍。这其实是训练的最好方法。经过两三次这样的重复演讲，稿子基本就能记熟了。但我因为预先没有做好准备工作，效果当然不会好。我未能进入半决赛。那次参赛的选手有三十几位，我的名次是第13名。从这次比赛以后，我就经常出现在NSDA/WSDA原创演讲的赛场，再后来逐渐走上辩论台。从某种程度上讲，失败其实是一种很好的历练，有志于演讲的读者，千万不要把一次失败看作无法逾越的大山。经过几次失败，总结了教训，吸取了他人成功的经验，你离成功也不远了。

二、发光

1. No Pains, No Gains (1)

What are pains? Loads and loads of homework? Forced piano lessons? Is the low score on your test paper mocking you? The sneers and snorts from classmates happen just because you fail to spell a word correctly?

My pains used to be Shakespeare's books that my dad thrust before me. *Hamlet*, *The Tempest*, *Romeo and Juliet*, *Twelfth Night*, etc.

The words "thou" and "thee" were beyond my vocabulary. The emotions "hatred" and "love" were beyond my horizon. The characters Caesar and Horatio were beyond my age.

But I was forced to see them as enjoyments. Dad spurred me to approach and appreciate the lines, the stories, the philosophy of the Bard. And, by and by, it became a kind of game in which I was determined to win. I played it hard and I came to see that at the other end of the dark tunnel of pains was the dazzling shine of gains.

I pulled myself through with good gains both in language and in thinking. I competed with college students debating in the FLTRP Open Suzhou. I won the championship.

So pains are not pains, but only temporary obstacles, when you enjoy them. Ladies and gentlemen, look at pains cheerfully, embrace pains readily, take pains bravely, and gains will just be there for you.

（216 词）

01 讲稿构思

这是 2018—2019 年我参加第十七届中国日报社“21 世纪 · VIPKID 杯”小学生英语演讲大会省赛的演讲稿。这是定题演讲，也就是说，题目是组委会给定的。我当时在读一套莎士比亚戏剧故事的丛书。这套丛书虽然是适合少儿的英文简写读物，但其中的内容——无论是词汇、语言还是蕴含的情感——对我而言都颇具难度。尤其是刚开始阅读时，感觉相当痛苦。后来看多了，慢慢也就觉得不那么难了，而且越看越觉得喜欢了。这个经历，恰好与“no pains，no gains”这个主题切合，于是我将它融入了演讲中。

本篇演讲稿在结构上采用了反转手法：先以一连串问题开头，为“pains”下定义；接着以个人经历阐释“gains”，描述努力过程中的痛苦；随后讲述最终取得的进步，说明从“pains”到“gains”的转变过程；最后提出要拥抱“pains”。其实，题目“no pains，no gains”本身就蕴含着这种辩证反转的逻辑，演讲稿的结构正是呼应了这句谚语的内在哲理。这篇演讲稿前后修改了十多稿，尝试变换了多种阐述角度。

02 遣词造句

这篇演讲稿跟其他演讲稿一样，用了较多的重复（如“loads and loads”）、平行结构（如第三段的三个句子和最后一段的“look at pains cheerfully，embrace pains readily，take pains bravely”）、对语（如“at the other end of the dark tunnel of pains was the dazzling shine of gains”）、比喻（如“game”“dark tunnel”）、头韵（如“sneers and snorts”“approach and appreciate”）、行中韵（如“at the other end of the dark tunnel of pains was the dazzling shine of gains”）等修辞手法。除了这些以外，本篇中还有其他几个较为突出的修辞手法：

1）拟人（Personification）。“Is the low score on your test paper mocking you？”将不理想的分数拟人化，说它在试卷上嘲笑你。拟人的使用使抽象的意思一下子有了鲜活的形象，容易抓住听众的注意力。

2）修辞性问句。本篇演讲稿开头用了一连串的修辞性问句对 pains 下定义：“What are pains? Loads and loads of homework? Forced piano lessons? Is the low score on your test paper mocking you? The sneers and snorts from classmates happen just because you fail to spell a word correctly?”虽然最后没有给出定义，但使听众对 pains 形成具象认知，可以顺利过渡到下文的“my pains”。另外，修辞性问句更能激发听众思考，抓住他们的注意力。

3）另类圆周句。圆周句（periodic sentence，又称尾重句、掉尾句），一般是指从句在前、主句在后，且主句后不再有其他成分的复杂句，其作用是突出主句。圆周句中间往往有一些插入成分或逗号等，在说出重要的事情前故意造成一种延宕，使重要的意义更为突出。本篇演讲稿最后一段第一句反用圆周句，不是将主句放在最后，却是在逗号停顿后用了“when you enjoy them”这一条件状语从句。这可能不符合圆周句的一般定义，也许可称另类圆周句，但其作用跟圆周句却是一样的，为的是突出句末的语义焦点，是对 pains 只是 temporary obstacles 这一判断和 when you enjoy them 这一条件的强调。这也许可以算是语言活用的一个例子。

除运用众多修辞手法外，本篇语言特别注重形象化与意义的传达，语句均不复杂，但力求准确、清晰。

03 展示技巧

本篇演讲稿的主要展示技巧在于通过语音语调凸显各类修辞手法，以及其中所蕴含的意义。因此，对于重复、平行结构、行中韵、对语等手法，需用语气加以强调。此外，在一些听众可能不太熟悉的词语上，如"thou"和"thee"，要适当停顿，让听众更好消化。第二段列举莎士比亚作品，可用略显无奈的语气以降调说出，体现这些"pains"的具体因素。最后一段的三个平行结构（"look at pains cheerfully，embrace pains readily，take pains bravely"），语气上可以一个比一个强烈，随后"and gains will just be there for you"的语速略微放慢，并在三个意群之间作适当停顿，形成"and gains | will just be there | for you"的节奏；其中，"and gains"和"for you"音调上略低，"will just be there"略高，以突出"必定成功"的意义。

04 比赛感悟

第十七届中国日报社"21 世纪 · VIPKID 杯"小学生英语演讲大会总决选是在 2019 年 3 月，但前期的选拔赛早在 2018 年就开始了。本篇演讲稿中的事例源于我自己的个人经历。正如前文在其他演讲稿分析中所述，选用自己个人经历作为演讲中的事例，往往能产生显著效果。

2. No Pains, No Gains (2)

"No pains, no gains" is a familiar saying, so familiar that it has become a cliché , that people have almost stopped giving it a second thought, that seldom has one suspected that there is something wrong about this high-sounding proverb.

But when we really listen closely to it, we will hear a discord under its silver ring. It indicates that gains are possible only through pains, that prominent prosperity grows out of bedeviling bitterness, that sufferings and soreness are the only path to success and sweetness.

But is it really so? Does this philosophy hold water? If "No pains, no gains" is an optimistic notion, isn't this optimism pessimistic? Can't we look at our paths to achievements differently?

Yes, we can. A year ago, Mum decided that I should make gains in English. She threw me a big stack of English books. "Oh, it will be too painful," I protested. "No, it will be enjoyable," Mum said. Well, I had no other choice anyway. So I looked at the tremendous task as an enjoyment and finished about a hundred books in three months. The outcome? I got the first prize in three English contests.

So, ladies and gentlemen, let's not say "No pains, no gains" . Let's say "No enjoyment, no attainment" and let enjoyment lead us to the summit of success. Thank you.

（223 词）

01 讲稿构思

我从第十七届中国日报社"21 世纪 · VIPKID 杯"小学生英语演讲大会省赛胜出，晋级国赛。晋级后，演讲稿又经过了十多次的修改，最主要的是从内容上做了许多调整，希望能够在短短的演讲中呈现扎实的内容。修改稿太多，我都不知道到底哪一稿是最初的版本了。这里选用的是早期修改稿之一。这篇演讲核心是将"No pains，no gains"这句谚语进行概念反转，提出"No enjoyment，no attainment"，实际上也是将"pains"的定义做了反转。事例方面，将具体的莎士比亚作品阅读替换为泛指的英语阅读，具体的奖项也换成了较为笼统的"the first prize in three English contests"。语言上也做了较多的优化。

02 遣词造句

本篇演讲稿语言上仍一如既往使用较多的平行结构（如第一段"so familiar"后的三个"that"从句、第二段的三个"that"从句等）、头韵（如"prominent prosperity""bedeviling bitterness""sufferings and soreness""success and sweetness"等）、比喻（如"discord""silver ring"等）、修辞性问句（如第三段）等修辞手法。另外，为增强生动性，带给听众一种身临其境的感觉，本篇演讲稿还使用了对话。

03 展示技巧

本篇演讲稿在展示时需要特别注意用语气来强调意义，有些地方可以略微夸张。如第一段“so familiar”中的“so”，可以将音节加以延长，而一些重要的词，如“high-sounding”，则可以用提高音量和适当停顿等加以突出。第四段中的对话，不妨以表演进行呈现，不但在语气上表现出自己的为难情绪和母亲的淡定与坚决，还可以辅以一定的肢体语言。

04 比赛感悟

本篇演讲稿没有在正式比赛中采用，主要还是考虑到三个问题：1）语言技巧上似乎有点“过”——过多的语言技巧，表面上可能会觉得“好看”“好听”，但实际上，有时候可能会太“花”，尤其是如果没有扎实的内容与之匹配，则更会给人以华而不实的感觉。2）笼统的事例没有具体的事例有说服力。3）第四段把艰难的任务看作“an enjoyment”后便立即收获成果，中间没有足够的逻辑过程说明，难以令人信服。

3. No Pains, No Gains (3)

“No pains, no gains” used to be a cliché in my ears. Clichés sound nice but are worn out. They irritated rather than encouraged me.

Until one evening when I met my classmate Rosie in her table tennis class. She was sweating like a fire hydrant and panting like a furnace. Obviously, she was as worn out as a cliché while tennis balls relentlessly shot at her like huge bullets. I asked Rosie, “Why this awful training? Why not just quit it?” She cast me a glance and simply said, “No pains, no gains.” “Oh, cliché !” I said to myself.

Five months later, Rosie got the first prize in a provincial table tennis competition.

That evening, my mother threw in front of me a big stack of English books. “Read,” she said. “No, I can’t,” I protested. “Yes, you can. No pains, no gains” she said simply.

What? “No pains, no gains” again? I pondered and pondered.

Maybe there was some truth in the saying. I started to read. At first, it was incredibly painful. But I didn't give up. I told myself, "Maybe from the pains there will come gains." I plunged ahead. I pushed. I dragged myself along. Then everything became easier. In three months, I finished about a hundred English books.

Then came my gains: I got the first prize in a provincial English contest.

Now I see the truth in "No pains, no gains" , a wise saying that I used to scorn as a cliché. I see why we often hear people say it. If it is a cliché, it is invaluable, because there is absolute truth in it. If there are pains in what we do, I embrace them, because through them we shall make gains.

Thank you!

(293 词)

01 讲稿构思

这篇演讲稿是我从第十七届中国日报社"21 世纪 · VIPKID 杯"小学生英语演讲大会省赛胜出后改写而成的。其核心思路同样基于反转：首先质疑，认为"No pains，no gains."是陈词滥调、老生常谈；然后验证，从实例中发现这句老话蕴含真理；最后实践，按照这句"老生常谈"去做，取得了成绩。

在改写时，我更新了事例，首先是用了身边他人的实际例子：我的一位同学（当然，换了名字），通过刻苦训练乒乓球，在省级比赛中获了奖。然后讲述自己从他人事例中受到启发，进而刻苦努力的经历。通过他人实例与自己实践的对比，更有说服力。

本篇演讲稿总体架构上与上一篇略有不同的地方是：上一篇直接从 pains 过渡到 gains，本篇从 cliché 到揭示 cliché 中包含的真理，再到最终取得成绩，多了一个曲折，应该更能使人接受。

02 遣词造句

语言技巧方面，这一篇总体上与上一篇相似，也使用了较多的修辞手法。除了上一篇中较明显的重复、平行结构等外，这一篇还有两个比较突出的地方：

1）明喻（simile）的使用。第二段描写 Rosie 训练时说"She was sweating

like a fire hydrant and panting like a furnace." "tennis balls relentlessly shot at her like huge bullets"，非常形象，也很夸张，应该能给听众带来非常鲜明生动的画面感。特别是"she was as worn out as a cliché"，不但利用了"worn out"的双关意义（"筋疲力尽""过时"），而且用cliché作比，时刻围绕演讲主题，构思相当巧妙。

2）短句的运用。第五段连续使用了三个平行短句："I plunged ahead. I pushed. I dragged myself along." 平行结构和短句的结合，使当时自己努力的过程显得更为生动。加上这三个对努力结果说明的短句后，一切逻辑就显得比上一篇更为自然流畅。

总体上，这一篇的语言采用了与上一篇不同的风格。上一篇过于雕琢，而这一篇则显得自然得多，易于为听众所接受。

03 展示技巧

展示技巧方面，这篇演讲稿的处理与上一篇类似。第二段的人物对话中，当说"Why this awful training? Why not just quit it?"时，应能体现出自己的惊讶和不解。Rosie回答的"No pains，no gains."则应以平淡无奇的语调呈现，体现其习以为常、"这有什么好奇怪的"的心态。而我的"Oh，cliché!"则应以较为夸张的语调呈现，表现自己的不耐烦、"好没劲"的感觉。第四段与母亲之间的对话处理方式与上一篇相同。

肢体语言方面，第二段讲述Rosie训练状态的"sweating like a fire hydrant and panting like a furnace"，可以做一些表演方面的模仿；讲到"tennis balls relentlessly shot at her like huge bullets"一句时，可以配合躲闪的动作（我在看她训练时真的看到过她躲闪教练朝着她劈面打来的球）。总之，肢体语言的运用都是为了辅助并强化叙述内容和意义的传达。

04 比赛感悟

这篇演讲稿最终也未在正式比赛中采用。与上一篇相比，这篇稿子似乎更扎实：首先是两个事例（尤其是Rosie的事例）更为真实，其次是pains与gains之间的逻辑过程交代比上一篇略微详细，也更为清晰。然而，由于没有经过正式比赛的检验，所有这些思考也都只是停留在理论层面。一篇演讲稿之所以没有在正式比赛中采用，肯定有它不如被采用的稿子的地方。就这篇而言，重复使用"cliché"一词，会让人感到不安，而"老生常谈中亦蕴含真理"，似乎也缺乏让人眼前一亮的独特新意。

4. No Pains, No Gains (4)

What are pains? Loads and loads of homework? Forced piano lessons? Is the low score on your test paper mocking you? The sneers and snorts from classmates happen just because you fail to spell a word?

My pains used to be the *Harry Potter* books my mum thrust before me. *Harry Potter and the Philosopher's Stone*, *Harry Potter and the Chamber of Secrets*, *Harry Potter and the Prisoner of Azkaban*, *Harry Potter... Harry Potter... Harry Potter...*

The magic words were beyond my vocabulary. The world of witchcraft and wizardry was beyond my horizon. The conflicts between good and evil were beyond my age.

Worst of all, they were pirate copies Mum bought from a street side bookstand. Spelling mistakes are everywhere, scattered on every page.

Pain. Torture. Torment. I protested. But Mum spurred me ahead. And, by and by, I could easily spot the mistakes. I could correct them and even ignore them. Reading them became a kind of game in which I was determined to win. I played it hard and I came to see that at the other end of the dark tunnel of pains was the dazzling shine of gains.

I pulled myself through with good gains both in language and in thinking. I competed with college students debating at the FLTRP Open Suzhou. I won the championship.

So pains are not pains, but only temporary obstacles. Ladies and gentlemen, look at pains cheerfully, embrace pains readily, take pains bravely, and gains will be just there for you.

（249 词）

01 讲稿构思

我有幸入选了在杭州举行的第十七届中国日报社“21 世纪 · VIPKID 杯”小学生英语演讲大会全国总决选。本篇内容即为参加全国总决选准备的演讲稿。这篇演讲稿同样经过了几次修改。最终的定稿在总体结构上回归了省赛的构思，但将莎士比亚的作品换成了《哈利 · 波特》。虽然我阅读过莎士比亚的作品（少儿故事版），但《哈利·波特》则是我阅读了多遍的原著。我不仅喜爱这个故事，而且对其情节乃至语言可以说是烂熟于心。在演讲中使用《哈利·波特》的素材，不仅让我感到高兴，也让我更有把握，这对增强比赛信心很有好处。与莎士比亚的作品相比，在这篇演讲中，《哈利·波特》的素材似乎更能吸引听众，给人留下深刻的印象。

02 遣词造句

这一稿总体架构和文字与参加省赛的演讲稿较为相似。不过，也可以看出其中有些部分采用了未入选的演讲稿中的文字。这样做的考虑是希望利用那些更能有效传达意义、思想、情感的语言。由于时间限制，文字上无法进行更为细致的铺垫和展开。提及《哈利·波特》系列作品的书名虽然占用了较多时间，但这些书名很具体、富有意义，且极易引起听众的共鸣。因此，只能省去与母亲的对话，一定程度上少了一些生动性和表演的空间，这有点遗憾。不过，这点遗憾在第五段用“Pain. Torture. Torment.”三个单词句作了弥补。这三个平行结构的句子，每个都只使用一个名词，而且放在句首，音节一个比一个长（“torment”虽然音节数与“torture”一样，都是两个，但实际发音长度超过“torture”），气势很足。

其他遣词造句的用意参见前三稿分析。

03 展示技巧

本篇演讲稿的展示技巧主要体现在语音语调的处理上，肢体语言只起到很少量的辅助作用。除前三篇演讲稿中谈及的一些处理方式外，本篇需要特别一提的有两处：

1）第二段的三个“*Harry Potter...*”，语调不但要分开，而且一定要有从低到高的发展：第一个是普通和平淡，第二个是出其不意与惊讶，第三个则是达到情绪顶点并收束。具体的做法，可以是第一个“*Harry Potter...*”重读落在“Harry”上，第二个落在“Potter”上且用升调，第三个则“Harry”和“Potter”都重读，“Potter”用降调——不过这只是大致的建议，具体的情感传达还是要靠自己用心琢磨。

2）第五段的“Pain. Torture. Torment.”三个单词句，在呈现时，语气应一个比一个重，音量一个比一个高（当然要注意适度，不要过了）；单词发音时长也要注意一个比一个长，口气上一个比一个肯定，“torture”与“torment”之间的停顿可以略短于“pain”与“torture”之间的停顿，以营造一种“急切难耐”的效果。“Torment.”一句说完后，停顿可以比“pain”与“torture”之间更长一些。接着，后面的“I protested”语气上可以略放低，以相对平淡的语调回归叙述。

另外需要指出的是，第五段第二句句首有一个“and”，需要强读。在英语中，“and”一般不放句首，除非表示强调、递进、对比、出乎意料等情况。这种时候，也就不再只将它当作表示普通的并列关系的连词了，而是赋予了它特殊的意义，所以一定要重读。第五段中第二句句首的“and”，包含了结果出乎意料（或者说是“不出所料”）的意义。

04 比赛感悟

我对《哈利·波特》的熟悉程度远超莎士比亚的作品。使用自己熟悉的材料，心里才更有把握，尤其是在应对问题回答环节时，这会更有利。只有使用自己熟悉的材料，才能更好地驾驭和发挥。可惜的是，就在比赛前一天，我又擅自对稿子作了较大幅度的修改，结果发现修改效果不佳。想要再回到原来的稿子时，两个稿子却在脑海中打架。这导致我在上台比赛的时候，还在很费劲地想把两个稿子分开，比赛状态出现了一点问题。总决选由演讲和问答两个环节组成。我抽到的是第 5 号，这个顺序并不太理想。我原定的目标是冲击季军。虽然演讲发挥平平，不过在问答环节表现尚佳。最终总成绩排名第九，无缘季军奖杯，仅获得全国一等奖，略感遗憾。

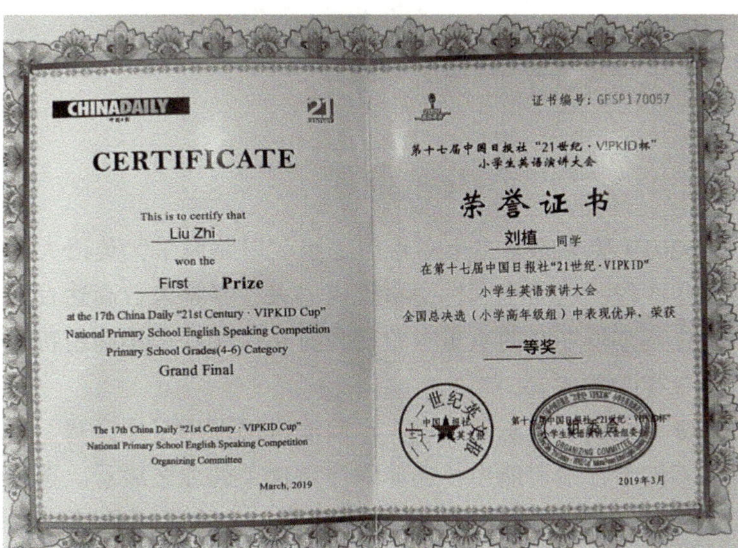

5. Who Am I?

Who am I?
The hesitant Hamlet:

To be or not to be,...

The great Julius Caesar:

Et tu, Brute?

The yearning Juliet:

O Romeo, Romeo! wherefore art thou Romeo?

Am I one of them? No. I am not. I am Bobby, a boy fascinated by all the characters I read from books.

I love reading Percy Jackson and *Harry Potter*. I am enchanted by the imagination and fascination.

I love reading Alex Rider and H. G. Wells. I am indulged in the logic and reasoning.

I love reading Shakespeare and I become one of the characters on the stage.

This is the special me. A boy named Bobby. A bookworm.

（110 词）

01 讲稿构思

在 2018—2019 赛季的第二十届希望之星“星路风采”英语大会中，我开启了自己的大赛征程。这项全国性赛事规模盛大，参赛人数高达百万。历经从地区赛到全国总冠军争夺赛的重重考验，我有幸最终获得小高组特等奖并跻身全国总冠军争夺赛四强。

这一年的赛程充满了难忘的故事。本篇演讲稿即用于地区赛。“希望之星”地区赛和省赛不仅考查语言能力，还非常注重选手的才艺展示。选手们纷纷将音乐、舞蹈、书法、魔术等精彩才艺融入演讲，令人目不暇接。我意识到在传统才艺方面与其他选手相比可能不占优势。但当时我正学习绘画，也读过少儿版的莎士比亚故事集，并对戏剧表演充满兴趣。于是，我亲手制作了哈姆雷特、恺撒大帝和朱丽叶三个角色的面具，并构思了一个独特的方案：借助这些面具，我化身为莎剧人物，用原汁原味的莎剧语言演绎经典台词，同时结合广泛的阅读积累，以此展现我的语言能力和对阅读的热爱。讲稿的核心构思正是通过这三个面具，引用莎剧人物台词并融合其他阅读所得，立体地呈现我的阅读爱好与收获。

02 遣词造句

地区赛比赛时间是一分钟，按照我的语速，演讲稿必须控制在 120 词以内，语言上能够闪展腾挪的空间不大，因此必须注重每一个句子乃至每一个词的“含金量”，让它们准确、清楚、具体、信息量大。基于此，本篇在语言上做到三个力求：

1）语句力求简短。尤其是前七段，一句一段，而且第二、四、六段都用了不完整句。第八段开头三句也特别简单。第八段最后一句至第十一段逐渐用稍稍复杂一些的语句，至最后一段则又回到简单的语句。语句简短，不但适合小学生的实际语言能力，易于驾驭，而且也易于听众理解。

2）用词力求具体。第二、六段的“hesitant”和“yearning”，第八至第十段的“fascinated”“enchanted”“indulged”等词语的使用即是例子。具体的词语可以使意义更为清晰，听众理解更为深刻。

3）结构力求冲击力。本篇差不多全部用平行结构写成，如第二、四、六段和第九、十、十一段。在这样短短的一篇演讲中，大量的平行结构增强了语言冲击力，使听众印象深刻，也使主题意义突出。

除了这三个力求外，本篇演讲的一个主要特点是引用了莎剧台词，这既是为了契合才艺展示的要求，也使这篇演讲稿有了深度，而且还使自己喜欢阅读的说法有了具体的依据。

03 展示技巧

本篇演讲稿最重要的展示技巧体现在对哈姆雷特、恺撒大帝和朱丽叶三个人物情感的精准诠释上。务必通过语气传达出：哈姆雷特的犹豫与沉思、恺撒遇刺并看到布鲁图斯时的震惊与醒悟、朱丽叶对罗密欧的刻骨相思以及对命运不公的强烈质问。同时，应尽量运用不同的音色来区分人物的性别、年龄与身份（青年贵族哈姆雷特、接近暮年的最高统治者恺撒大帝、少女朱丽叶）。若能成功做到这些，演讲的核心表现就基本达成了。至于非角色台词的叙述部分，在音调上无须过多修饰，保持清晰自然的讲述即可，但要注意在段落与句子之间留出恰当的停顿时间。另外，三个面具的使用技巧至关重要：首先，不能长时间将面具戴在脸上，那样会遮挡面部表情，不利于评委和观众理解情感传递；其次，也不能只是将面具拿起就立刻放下，这样无法让评委和观众看清面具的制作细节（即才艺展示）。我当时的操作方法是：当讲到某个人物时，我会先将对应的面具举至脸前略作遮挡（象征性地戴上），随即将其移至身体一侧（如身侧或胸前），用手持稳进行展示，并在展示的同时说完该人物的台词。完成后，再切换至下一个面具，重复这一流程。

04 比赛感悟

地区赛的比赛时间仅有一分钟。要在短短一分钟内同时展示语言能力和才艺，挑战巨大。因此，讲稿构思至关重要。在构思阶段，就必须细致考量赛制规则（尤其是时间限制）、现场呈现效果，以及演讲过程中可能面临的挑战，更要深刻剖析自身的长处与弱点，力求扬长避短。我最终决定制作哈姆雷特、恺撒大帝和朱丽叶的戏剧人物面具，正是基于对自身情况的清晰判断。实际效果证明，这个策略是成功的——我成功从地区赛脱颖而出，晋级省赛。此外，至关重要的一点是：务必使用自己熟悉的材料。我当时刚读完一套少儿版莎士比亚戏剧故事丛书，对莎翁笔下的人物和情节有了充分理解。正因如此，我才能在演讲中准确把握这些经典角色的情感精髓。

6. Reading Makes Me Wise

Good morning/afternoon/evening.

Francis Bacon says, “Histories make men wise; poets witty; the mathematics subtle; ...”

Bacon is talking about reading. Reading, not just of histories, makes me wise.

First, it lets me know how to read. It gives me the knowledge I need to judge books. Again, in Bacon’s words: “Some books are to be tasted, others to be swallowed, and some few to be chewed and digested.”

More importantly, reading gives me the knowledge I need to know people. Now I am going to quote a few lines from Shakespeare and let’s see who these people are.

To be or not to be, that is the question:
…To die – to sleep –
To sleep – perchance to dream: ay, there's the rub!

Yes, this is the hesitant and indecisive Hamlet. And,

O Romeo, Romeo! wherefore art thou Romeo?

Right, this is Juliet burning with love and inner conflicts. And, the last one,

Et tu, Brute? Then fall, Caesar.

Yes? No? This is Julius Caesar, shocked, despaired and letting everything go.

Reading makes me know people. Thank you.

（176 词）

01 讲稿构思

我从第二十届“希望之星”地区赛中成功晋级，进入省赛。与地区赛相同，省赛不仅考查选手的语言能力，还注重才艺展示。省赛的演讲时间增至两分钟，这为我提供了更充裕的发挥空间。因此，我得以对地区赛的讲稿进行扩充和调整，获得了更充分的时间来展现语言能力和构思深度。除在语言上作了扩充和细化外，本篇演讲稿在地区赛稿架构的基础上，对主题作了深化。它不再是简单地对自己阅读爱好的介绍，而是借用弗朗西斯·培根（Francis Bacon）名篇“Of Studies”中的名言，将立意提升到了“阅读使人睿智”的高度。戏剧人物的台词也更为丰富，使听众有观看戏剧演出的感觉。此外，对人物的介绍，也不再是直接告诉听众，而是采用猜谜语的方式，先让听众猜测，然后才公布答案，这样可以与听众产生更好的互动。

总体结构设计上，演讲以培根名言开篇立意，随后层层递进：阐述阅读如何教会我有效的阅读方法、培养我甄别书籍品质的能力，最终引导我深入理解复杂的人性。

02 遣词造句

本篇演讲稿有较多的引用：一是培根的名言，二是莎剧人物的台词。培根的名言主要作用在于深化演讲的主题，说明阅读使人睿智、助人了解人性。引用莎剧人物台词的作用则是展示戏剧情景、刻画人物性格，使演讲内容更为饱满。

此外，本篇演讲稿还运用了形容性词语对人物作说明：哈姆雷特是“hesitant and indecisive”，朱丽叶是“burning with love and inner conflicts”，恺撒大帝是“shocked，despaired and letting everything go”。这些词语清晰地交代了人物的性格。

03 展示技巧

本篇演讲的展示技巧基本与上一篇类似，但有两个地方上一篇演讲稿中未涉及，需要在本篇中加以注意：

1）莎剧人物的台词比上一篇饱满，台词的念法要更符合戏剧的特征与要求。同时，交代人物性格的那些词语，在语调口气上要与台词所体现的性格相一致，如“hesitant”与“indecisive”二词要带有犹豫不决的味道；“burning”则要强化，以体现朱丽叶的渴望与焦灼；恺撒的“shocked”可以处理得比较突然，“despaired”要有绝望感，而“letting everything go”则应渐弱，仿佛将一切都放弃。

2）与听众互动“猜谜语”时，心中和眼中一定要有听众，一定要清楚自己不只是在演讲，而是在跟听众交流，目光一定要落在听众脸上。倒数第二段的“Yes? No?”就是对听众反应的预设性回应和互动。

04 比赛感悟

除上一篇分析中已经提到的感悟外，这一篇较为突出的感悟是：演讲时心中眼中一定要有听众。演讲不是自己能力的展示，更不是炫耀，而是与听众的沟通，需要得到听众的共鸣。我的语言表达能力较为突出，但表演非我所长，我的演讲缺少一点观赏性。这次省赛我获得亚军，但具备了参加国赛的资格。

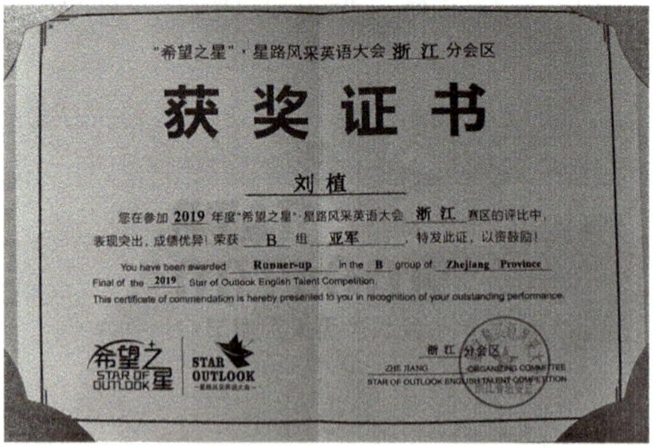
“希望之星”·星路风采英语大会 浙 江 分会区

获奖证书

刘植

您在参加 2019 年度“希望之星”·星路风采英语大会 浙 江 赛区的评比中，表现突出，成绩优异！荣获 B 组 亚军，特发此证，以资鼓励！

You have been awarded Runner-up in the B group of Zhejiang Province Final of the 2019 Star of Outlook English Talent Competition.

This certificate of commendation is hereby presented to you in recognition of your outstanding performance.

浙 江 分会区

ZHE JIANG ORGANIZING COMMITTEE

STAR OF OUTLOOK ENGLISH TALENT COMPETITION

7. Are We Going to Die in a Cradle?

（30 秒）

第一稿：

This is me, in a cradle. A very comfortable cradle. That was when I was just an infant. But do you know that I am still in a cradle? You are in a cradle, too. We all are. And, we are probably going to die in the cradle. And die comfortably ignorant. How come? How can we not die in the cradle? Don't you want to hear this?

（68 词）

我们会在摇篮中死去吗？

这个是我，躺在摇篮里。非常舒适的摇篮。那时我还是个婴儿。但你知道吗？我现在还躺在摇篮里。你也是。我们都是。而且，我们可能会在摇篮里死去，舒舒服服地、懵里懵懂地死去。怎么会这样？怎样才能不在摇篮中死去？你不想听听这个吗？

第二稿：

This is me in a comfortable cradle when I was... just an infant. Very cozy and comfortable. But imagine, what will it be like if I still stay in a cradle in my thirties and forties? In fact, I am still in a cradle now. And not just me. The whole world is in a cradle. How come? Want to find that out? I can tell you that.

（67 词）

这是我，躺在一个舒适的摇篮里，那时我还是……一个婴儿。很温暖，很舒适。但是想象一下，如果我三十岁、四十岁的时候还躺在摇篮里，会是什么样子？事实上，我现在还在摇篮里。而且，不仅仅是我，整个世界都躺在摇篮里。怎么会？想知道吗？我可以告诉大家。

The Machine Cradle

（*3* 分钟）

A cradle, according to *Oxford Advanced Learner's Dictionary*, is a baby's bed or cot. It can also refer to a place or process in which something important begins. But Liu Cixin, author of the Hugo Award—winner *The Three Body Problem*, understands it differently. In his *Taking Care of God*, he says that "The second mark of the aging and perishing of a civilization is the coming of the Machine Cradle Age."

In Liu Cixin's understanding, which happens to coincide with mine, a cradle is something that hugs us human beings so comfortably and cozily that we will not want to get out of it, so that we will allow ourselves to become lazy and even lose all our abilities, even our thinking, until our civilization is brought to an end.

Look around us and we'll see cradles everywhere. Our washing machine is one. Our microwave oven is one. And, our smart phone, of course, especially today when the fifth-generation communication is around the corner. Without our iPhones in our hands, are we still able to tell the time? Know the weather? Recall our best friend's address? These incredible machine cradles are lullabying us into a long ignorant slumber where we will lose all our capacities and even functions. How many of us here, including our respectable judges, still worry about our spelling when we work on the computer? Or how many of us will still type tomorrow when we can dictate to our digital servant? Not long ago, my mother bought a dish washer. I am afraid that in a few years she will forget how to wash dishes at all!

Artificial intelligence is the biggest cradle. With AI, we don't have to drive a car. We get up in the morning, step in our car, have another nap and whoosh, we are in the office. Comfy! Isn't it? AI simply takes care of almost everything! But will it not also drive us into the last age of human beings, the age of oblivion and thus extinction?

Liu Cixin's warning is heard. We are besieged by and in machine cradles. Human situations are clear. Shall we sleep into extinction? Shall we perish in cradles? Or instead, shall we make the cradles help us grow into an abler race?

Thank you!

（381 词）

机器摇篮

按照《牛津高阶英汉双解词典》的定义，摇篮指的是婴儿的小床。摇篮也可以指重要事物的发源地或起始过程。但是，雨果奖获得者、《三体》作者刘慈欣对此有不同的理解。他在《赡养上帝》中说："一个文明衰老和消亡的第二个标志是机器摇篮时代的到来。"

刘慈欣的理解恰巧与我相合。按我们的理解，摇篮是那样一件东西：它将我们人类揽在怀里，如此舒适、如此温暖，让我们不想离开它，于是我们就会允许自己越来越懒惰，直至失去所有的能力，甚至思考的能力，最后致使我们的文明终结。

看看我们周围，我们会看到"摇篮"无处不在。洗衣机是一个，微波炉是一个。当然还有智能手机，在 5G 时代即将到来的今天尤其如此。如果我们手中没有 iPhone，我们还能知道时间吗？还能知道天气吗？还能记得我们最好朋友的住址吗？这些不可思议的机器摇篮正唱着摇篮曲，摇啊摇，让我们久久沉睡，人事不知，让我们失去所有的能力，甚至功能。如今，我们当中有多少人，包括我们尊敬的评委，在电脑前工作时还在操心拼写？展望明天，我们可以向我们的"数字仆人"（电脑）口授指令，还会有多少人坚持打字？就在前不久，我妈妈买了一台洗碗机。再过几年，她恐怕连怎么洗碗都会忘得精光！

人工智能是最大的摇篮。有了人工智能，我们就不用开车了。我们早上起来，钻进车里，再打一个盹，然后，刷，我们就到办公室了。舒服啊！不是吗？人工智能几乎啥都能干！但是，它开的车是不是也会把我们送进人类的最后一个时代——那个被遗忘进而灭绝的时代呢？

我们听到了刘慈欣的警示。我们被机器摇篮包围了。人的处境很清楚。我们是沉睡到灭绝，在摇篮中死去呢？还是让摇篮帮助我们成长为更有能力的人类？

谢谢大家！

01 讲稿构思

我在第二十届“希望之星·星路风采”英语大会省赛中获得亚军，于2019年春夏之交参加了在北京举行的国赛。上千名来自全国各地的高手云集于此。国赛分为已备演讲、即兴演讲和辩论三个环节。已备演讲沿用省赛的稿子。跟省赛一样，我的舞台表现力稍逊，排名不是很高，到了100多名。但是在第二轮的即兴演讲和第三轮的辩论中，我的成绩进步非常大，一路竞争进入小高组十强，获得特等奖，得以参加2019年7月举行的全国混龄组总冠军争夺赛。

总冠军争夺赛是混龄比赛，大学、中学、小学选手，不分年龄，一起竞争全国总冠军。总冠军争夺赛的环节包括自我介绍、30秒演讲、3分钟演讲、辩论以及最后的命题演讲等。30秒演讲和3分钟演讲以擂台赛的形式进行，演讲内容主题相同，30秒演讲相当于3分钟演讲的梗概。如果30秒演讲从竞争者中胜出，则有机会作3分钟演讲，否则落败。3分钟演讲如胜出，则成为擂主，最后的擂主进入八强，再通过辩论进入四强争夺总冠军。30秒演讲和3分钟演讲需各准备两组稿子，最终各选一组进行正式比赛。我准备了三组：“Are We Going to Die in a Cradle?” + “The Machine Cradle”“Are Black Holes Really Black Holes?” + “Black Holes, Doughnuts, the Universe, and an Atom”和“I Shall Teach Nobel Prize Winners” + “I Shall Teach Nobel Prize Winners”。后来第一组稿件被弃用。这些稿子在提交组委会时均需附中文译文，因此此处将中文译文一并附上。演讲时可以使用PPT投影，我用了简单的几张图片，也一并放在这里。擂台赛演讲可以有两次机会，我首先用的是“I Shall Teach Nobel Prize Winners” + “I Shall Teach Nobel Prize Winners”，结果将擂主的座椅一直坐到了最后，就不需要使用另外一组稿子了。

“Are We Going to Die in a Cradle?” + “The Machine Cradle”这组演讲稿用了我婴儿时期躺在摇篮中的两张照片，从“摇篮”这个意象入手，讲述人类科技发展已经成了一个舒适的摇篮，提出人类应该利用这个摇篮让自己更有能力，而不是在这个舒适的摇篮中走向灭亡。我很喜欢刘慈欣的作品，他的作品我几乎都读过，演讲稿中融入了刘慈欣的一些思想。

这样的演讲，能不能在前 30 秒的时间里勾起听众的兴趣，决定着成败。因此，在这 30 秒里设置悬念至关重要。我为“摇篮”主题的 30 秒演讲写了两稿，都是以问题勾起听众的兴趣。但第二稿似乎比第一稿好，主要是第一稿的“we”指代较为笼统，没有交代清楚是谁，也没有隐含“die”的原因；而第二稿则把“we”具体化为“the whole world”，不但指全人类，还包含人类及其所处的整个世界，因而从中也可以隐约感受到“die”的原因，格调上比第一稿似乎要高些。

3 分钟演讲主要基于“摇篮”这一意象和隐喻，由我小时候躺的摇篮讲起，将世界上让人舒适的一切，尤其是现代化电器与电子产品，比作禁锢人类文明的“摇篮”，然后提出，人类可能会毁灭于舒适的“摇篮”中，应该引起警惕。

02 遣词造句

本篇演讲稿采用相对朴实的语言风格，力求意义清晰、准确。除了常用的平行结构等手法外，本篇演讲稿特别注重以下几点：

1）清晰的定义。演讲，尤其是说理性的演讲，应该对概念作清晰的界定。本篇演讲稿开篇即引用 *Oxford Advanced Learner's Dictionary* 为“cradle”提供了准确的定义，然后借用刘慈欣的话对“cradle”的含义做了扩展，这样就为后面的论述做好了铺垫。

2）隐喻的使用。本篇的中心点是“摇篮”，它既是婴儿躺卧的摇篮，又隐喻带给人类舒适的机器、AI 等现代发明。演讲稿的题目“The Machine Cradle”就是最突出的隐喻。另外，将电脑用拟人手法比作“digital servant”，也是隐喻（拟人就是把非人的事物比作人）。

3）修辞性问句的使用。本篇演讲稿运用了较多的修辞性问句，尤其是结尾部分的三个修辞性问句，目的在于激发听众对舒适生活现状的关注与思考，较为有力。

4）幽默。对许多中国选手来说，在演讲中运用幽默颇具挑战，对我亦是如此。然而，在国外的英语演讲中，幽默元素屡见不鲜。它能有效抓住听众的注意力，并让听众在会心一笑中更易于接受演讲者的观点。在本篇演讲稿中，我也进行了一次融入幽默的尝试，写到了妈妈买洗碗机的事（“Not long ago, my mother bought a dish washer. I am afraid that in a few years she will forget how to wash dishes at all!”）。虽然不确定这个例子具体能产生多少幽默效果，但这无疑是我在英语演讲中运用幽默的一次主动实践。

03 展示技巧

除了寻常的语音准确把控、语调恰当运用外，本篇演讲稿还特别注意了以下两点：

1）与评委的互动。在现代社会，其实每一个人都躺在机器摇篮中，评委亦不例外。所以演讲稿第三段提及在电脑前工作不再需要为拼写费心的时候，用了“including our respectable judges”，想必评委对此也会报以会心一笑的。说到此句话的时候，眼神一定要与评委有交流，甚至也可以将手伸向评委席，以引起他们注意。

2）幽默的语调。第三段用了一点幽默，在呈现时，应注意用适当夸张、调侃的语调体现。在语调上如果不能体现幽默，那么幽默的语言射不中靶心，不但是一种浪费，而且可能会引起反作用。

04 比赛感悟

这篇演讲稿最终并未启用。决定弃用，究其根本，在于我认为它在思想深度、行文格调以及结构完整性上尚有不足。这种不足在演讲结尾的三个修辞性问句上体现得尤为明显。最初构思时，我认为这些问句能营造收尾的气势。然而，如今重新审视后发现，仅以问句作结，显得立场不够鲜明，态度也不够坚定。更深层的问题是：这些修辞性问句本身就需要答案，更重要的是，在抛出如此重大的问题后，演讲者有责任进一步提出建设性的解决方案——如何避免人类在摇篮中覆灭？如何赋予人类更强大的力量？唯有如此，整篇演讲才能形成有力的闭环，其立意深度和结构完整性才能真正得以实现。

顺带分享一件赛场的趣事。晋级混龄组总冠军擂台赛的选手有几十人之多。在比赛正式开始前，有一个选手自我介绍的环节。如何在如此短暂的时间内抓住评委和听众的注意力，是成败关键。显然，常规的自我介绍方式很难脱颖而出。赛前我构思了好几种方案，却无一令我满意，总觉得它们流于平庸。后来我想，我喜欢写诗，也写过一点英文诗歌，其中还有英文五行打油诗（doggerel），能不能在这个上头做点文章？于是我从自己的名字讲起，说我叫刘植，与汉代的曹植同名。曹植是著名诗人，我也喜欢诗歌，也写诗，还写一点英文诗，前不久还写了一首英文五行打油诗。说到这里，我的介绍就结束了。这是我故意设下的一个 hook（“钩子”，相当于中文的“卖关子”），评委一定会接着问。果然，评委问我写了什么打油诗，能不能念来听听。我就念了：

There was a lady from Sparta,
Who ate as she walked to China.
Then she went to Rome,
And called on her phone,
"I'm going to a fitness center!"

诗当然写得不是很好，但胜在好玩（五行打油诗本不以深刻主题见长，旨在博君一笑）。评委听了很开心——在摄影棚里录制比赛，时间长，压力大，评委也非常辛苦，能听到这样的打油诗，是一种轻松的调剂。而且，在所有选手中，我是唯一一个念英文打油诗的，而且是原创作品。果然，评委对我的关注大大增加。比赛中能够有这样的吸引人注意的元素，应该好好加以利用。

8. Are Black Holes Really Black Holes?

（30 秒）

Finally, we human beings have got a picture of a black hole in the universe. But did it ever occur to you that it may not be a black hole at all? If it is not a black hole, then what is it? And what does it do? Does it do good or bad things to us? And what is the universe? Is it not just an atom? You'll find out after you hear my philosophy in cosmology.

（68 词）

黑洞真为黑洞吗?

人类终于有了一张宇宙中一个黑洞的照片。但你有没有想过，它可能根本就不是黑洞？如果不是黑洞，那它是什么？它是做什么的？它对我们有好处还是坏处？宇宙又是什么？它会不会只是一个原子？听了我的宇宙哲学，你会明白的。

Black Holes, Doughnuts, the Universe, and an Atom

（3 分钟）

My mom has a roof garden, where she plants many roses. She invited me up many times to look at them. I went, but I stared into the sky, the fragrance of roses floating by my nose and the pictures of the universe flashing by my mind. This year we finally have a picture of the black hole. People make many connections. Some say the black hole looks like a doughnut. Some say it is a cat's red eye. Some say it is a torch light. Some even say it is a navel. I would like to say it looks like a phagocyte.

Let's first compare the image of a phagocyte with that of a black hole. On the left, the first picture of a black hole, and on the right, a picture of a phagocyte.

Then, let's compare the jobs they do. A black hole swallows stars, planets, nebulas, etc. A phagocyte swallows up the naughty beings inside our body. Wait. What if the stars, planets or nebulas are doing bad things to the universe? Then, black holes are swallowing them up for a better environment.

Amazing, right? I started to wonder: What if the whole universe is actually like a human body?

With this thought, I started searching on the Internet. And guess what? I got some amazing results! Look at these pictures! The one on the left is the human brain cell. And on the right, the universe! They look virtually the same, don't they?

Then I started to think: cells are made up of atoms, so what if the whole universe is an atom, which is made of electrons, protons, the nucleus and quarks?

The universe is a cell, galaxies are atoms, nebulas are electrons, and all galaxies have a nucleus, which is often a huge black hole in the middle of a galaxy. And there are stars, planets, which can also be recognized as protons and quarks. And every planet has its own atoms, and every atom has atoms of ITS own... Is our world a circulatory system from infinitely huge atoms to infinitely tiny atoms? Is there a rule, like everything has a body structure from the smallest to the biggest? Incredible, isn't it? It's for us to find out!

Thank you!

（378 词）

黑洞、甜甜圈、宇宙与原子

我妈妈有一个屋顶花园，她在那里种了许多玫瑰。她多次请我上去看花。我去了，却只是凝望天空，我鼻子里飘着玫瑰的芬芳，脑海里闪现的却是宇宙的景象。今年我们终于有了一张黑洞的照片。人们有很多联想。有人说黑洞看起来像甜甜圈。有人说是一只猫红红的眼睛。有人说是手电筒。有人甚至说它是肚脐眼。我想说它看起来像一个吞噬细胞。

让我们首先比较吞噬细胞和黑洞的图像。左边是第一张黑洞照片，右边是吞噬细胞的图片。

然后，让我们比较一下它们所做的工作。黑洞吞噬恒星、行星、星云等。吞噬细胞吞噬我们体内的坏生物。等一等。如果恒星、行星或星云是在对宇宙做坏事呢？那么，黑洞将它们吞没，使环境变好。

很惊奇，对吧？我就开始想了：如果整个宇宙实际上就像是一个人体呢？

带着这个想法，我开始在网上搜索。你猜怎么着？我有了一些惊人的收获！看看这两张图！左边的那张是人脑细胞。右边一张是宇宙！它们看起来几乎一样，不是吗？

然后我开始想：细胞是由原子组成的，那么如果整个宇宙就是一个原子呢？一个由电子、质子、原子核和夸克组成的原子？

宇宙是一个细胞，星系是原子，星云是电子，所有的星系都有一个原子核，它通常就是星系中间的一个巨大黑洞。还有恒星、行星，也可以将它们看作质子和夸克。每个行星都有自己的原子，每个原子又有自己的原子……难道我们的世界是一个从无限大的原子到无限小的原子的循环系统吗？是不是有一个规则，就像一切都有一个从最小到最大的身体结构？难以置信，不是吗？这是我们需要去探索的！

谢谢大家！

01 讲稿构思

这是我为第二十届“希望之星”混龄组总冠军争夺赛擂台赛准备的第二组演讲稿。当时我对宇宙很感兴趣，认为应该存在一门宇宙哲学的学科。我总觉得，宇宙很像一个细胞。于是就以此为话题。

那一年正好人类有了第一张黑洞照片。这篇演讲稿从黑洞照片开始讲起，谈宇宙与细胞的相似性，认为宇宙、人体等可能都存在着某种相似性，并将其冠以“宇宙哲学”之名，目的是唤起人们对宇宙研究的热情。内容上主要是将大的宇宙与小的细胞进行类比（analogy），这可能是这篇演讲稿比较特别的地方。由于宇宙与原子相对而言属于不太为人所熟悉的话题，因此演讲稿开头用了妈妈的屋顶花园这一事例，目的是希望用听众所熟悉的例子引入主题。

30 秒演讲仍是通过连续发问引起听众和评委的兴趣。3 分钟演讲中也主要是提出问题，希望以此引起人们对宇宙更多的关注。

02 遣词造句

鉴于演讲主题聚焦于宇宙、黑洞、细胞等相对陌生且深奥的领域，本篇演讲稿在语言上没有用太多的技巧，转而力求明白晓畅、清晰准确的表达，最大限度降低听众的理解门槛。为了实现这一目标，演讲稿中运用了大量的平行结构以增强节奏感和逻辑性，并尤其倚重修辞性问句。运用这些问句的核心目的，在于激发听众对宇宙深邃奥秘的主动思考与探索欲。需要明确的是，本篇演讲稿无意解答宇宙和黑洞这类终极宏大的命题，其核心宗旨是为了激起人们对宇宙与世界的思考。

03 展示技巧

此篇演讲比较偏向于科普型和哲学思辨型，因此展示时在语气语调上不应作过多的修饰，基本上以平实质朴、讲清楚事理为主，即使是修辞性问句，也不应掺入过多的煽情色彩。

本篇演讲稿用了几张图，这些图都是为了说明宇宙、黑洞、细胞等的相似性，因此在演讲过程中，在讲到相关的内容时应用适当的手势将听众的注意力引向这些图片。原计划还准备了一些甜甜圈、肚脐的图片，但考虑到图片太多可能反而会使主题模糊，最终决定弃用。

04 比赛感悟

赛前准备的时候，曾考虑过策略：因为“I Shall Teach Nobel Prize Winners”在质量与共情力上优于本篇，所以先用本篇，如果这一轮擂台赛失败，下一轮用“I Shall Teach Nobel Prize Winners”。然而，最终我改变了主意，决定先把好的拿来用。后来因为擂台赛成功，不再需要使用这一篇了。

现在想来，如果先用这一篇，也许成功概率不会特别高。主要原因是这一篇主题虽然宏大，讲的是宇宙的问题，但只是提出了问题，没有解决问题，也没有建设性的路径探讨，终究有点隔靴搔痒。另外，从思想层面上讲，虽然站在宇宙的高度，但对人类的关注深度不足。

这么想来，我当时没有选用这一篇，也是属于运气比较好了。

9. What I Would Say to My 20-Year-Old Self (1)

To my twenty-year-old self, I would say this:

Look at you! Look what you've done! You should've been more cautious. I know you have talents, abilities, and power. I know you are a diversified person and you want to contribute more to the world, and I understand your time is limited. But you shouldn't have simply cloned five Bobbies.

True, Bobby Clone No. 1 can help you teach future Nobel Prize winners. Bobby Clone No. 2 can explore the space. Bobby Clone No. 3 can write your philosophy. Bobby Clone No. 4 can play soccer. Bobby Clone No. 5 can look after your mom and dad.

But you have violated the natural law and ruptured natural evolution. You have broken many rules that keep the world on the normal track. You have challenged the ethical laws. You have made human birth meaningless and diminished human diversity. You might think it not so serious. But what if you and all the Bobby clones fell in love with one girl? What if all the Bobby clones wanted to clone more Bobbies? What a mess! What a chaotic world!

Now you are twenty years old. I know you are creative. But you really should be more cautious. You should think more about the side effects of your creation. You should view everything in perspective. You should think about yourself as an individual, but you should start to think more about yourself as a member of the world.

Thank you!

（246 词）

对二十岁的自己，我会说什么

对二十岁的我，我会这样说：

看看你！看看你做了什么！你本应更谨慎些。我知道你有天赋，你有能力，你厉害，我知道你多才多艺，你想为世界做出更多的贡献，我也理解你的时间有限，但你不应该就那样克隆五个鲍比呀。

没错，克隆鲍比 1 号可以帮助你教授未来的诺贝尔奖获得者。克隆鲍比 2 号可以探索太空。克隆鲍比 3 号可以书写你的哲学著作。克隆鲍比 4 号可以踢足球。克隆鲍比 5 号可以照顾你的爸爸妈妈。

但是你违背了自然规律，破坏了自然进化。你打破了许多维系世界正常运转的规则。你挑战了伦理法则。你使人类的出生毫无意义，减少了人类的多样性。你可能觉得这不太严重。但是如果你和所有的克隆鲍比爱上了同一个女孩呢？如果所有的克隆鲍比都想克隆更多的鲍比呢？那真是一团糟啊！那将是多么混乱的世界啊！

现在你二十岁了。我知道你很有创造力。但你真的应该更加谨慎。你应该多想想你的创造的副作用。你应该全面地考虑一切。你应该把自己看成一个个体，但也应该开始更多把自己看成是这个世界的一员。

谢谢大家！

01 讲稿构思

第二十届“希望之星”总冠军争夺赛通过擂台赛决出八强以后，以一对一辩论形式决出四强，进入最后的总冠军争夺赛。我有幸进入四强。四强总冠军争夺赛形式为定题演讲，演讲前一天公布题目：“What I Would Say to My 20-Year-Old Self”，演讲时长两分钟，演讲后有提问。我准备了三篇稿子，这是第一篇。

这篇演讲稿可谓脑洞大开，尽情发挥了想象力：未来二十岁的自己克隆了五个自己。但随即话锋一转，提出克隆的负面影响。演讲稿提到了做诺贝尔奖得主的老师、外太空探索、哲学等内容，将其融入稿中，也算是一种随机应变、因时制宜。此演讲稿实际谈的是对人类科技进步与自然规律及伦理道德的思考。比赛中未启用此稿。

02 遣词造句

因为题目是“What I Would Say to My 20-Year-Old Self”，所以整篇演讲稿

都是对自己所说的话，全部以第一人称和第二人称写作。内容和语气上以“敲打”为主，提醒自己不要滥用科技，而要注重遵循人类发展的自然规律、遵守伦理规范。因此，稿中多以“You should...”句型为主。而对于已经做过的事情，则多用“You have done...”句式。语言上没有过多的修饰，主要仍是追求清晰和准确。稿中也特意用了一些短句，如第二段开头的“Look at you! Look what you've done!”两个短句，表示责备，较为有力；第四段结尾的“What a mess! What a chaotic world!”两个短句表示震惊和失望，同样富有力度。

03 展示技巧

本演讲内容以自我批评为主基调。因此，在语气上，需对自身设想的过失表现出深切的痛悔感；同时，对于本应履行的职责或达到的标准，语气亦需坚定有力。需特别注意：尽管“should”一词会反复出现，但不宜过度强调该词本身。相反，应着重强调“should”之后的内容，特别是每个句子的语义焦点（通常位于句尾的信息单元），因为那才是每个句子真正意图传达的核心。

尽管演讲内容源于大胆的设想，但需将其中描述的情境当作已然发生的现实来呈现。因此，在语气上应避免过于“科幻化”，力求贴近现实。

04 比赛感悟

这篇稿子最终没有实际启用。回顾来看，它有其长处，在于提供了广阔的幻想空间。但其短处也显而易见：内容上过度聚焦于自我批评（“敲打”），对于（自身行为）造成的后果，仅仅停留在指出“应该如何”的层面，未能提出具体的改正措施。因此，总体感觉稿件内容略显单薄，不够充实。

在立意格局方面，虽然触及了人类发展规律和伦理规范等宏观层面，但由于挖掘不够深入、论述不够充分，其思想高度未能得到有效提升。

10. What I Would Say to My 20-Year-Old Self (2)

To my twenty-year-old self, I would say this:

It serves you right. Now you are twenty and you look around and find your pals playing beautiful piano, doing beautiful calligraphy, and painting amazing pictures, and you sigh, “If only I hadn't given them up.”

Right. If only you hadn't given them up! You would be able to do all these. You started your piano, calligraphy, and painting when you were five. Your parents hunted good teachers for you and went to classes with you every time. But when you were twelve, you started to have a stronger and stronger personality. You felt bored by the piano drill, calligraphy drill and painting drill. You wanted easy peasy, lemon squeezy. You wanted more TV, more digital games, or simply to play around. Mom and Dad tried many times to drag you from the addictive easy jobs and lead you back to the drills. But you fought back. You groaned. You complained. You just skimped. Finally you exhausted their patience and they no longer insisted. You hoorayed and gave up on everything. And now you are regretting.

But! It is never too late to learn, and it is never too late to persist. You must know easy jobs don't produce great fruit. Persistence is no easy thing. But you can push yourself. You can start again.

Hope you have learned this lesson and I will talk to you again when you are thirty years old.

Thank you!

（244 词）

对二十岁的自己，我会说什么

对二十岁的自己，我会这样说：

你活该！现在你二十岁了，环顾四周，发现朋友们弹着动听的钢琴，写着漂亮的书法，画着精美的图画，你只能叹口气："要是我当初没有放弃就好了！"

没错！你要是没有放弃就好了！那所有这些你也能做到。你五岁时开始学钢琴、书法和绘画。你的父母为你四处寻找好老师，每次都陪你去上课。但到了十二岁，你的个性越来越强。钢琴练习、书法练习和绘画练习让你觉得无聊。你就想轻轻松松，一蹴而就。你就想看更多的电视节目，玩更多的电子游戏，或者四处玩耍。爸爸妈妈多少次想要把你从让人上瘾的轻松中拉出来，带你回到训练中。可你对着干。你呻吟、抱怨，你敷衍搪塞。最后你耗尽了他们的耐心，他们不再坚持。你欢呼万岁，然后放弃了一切。现在你却后悔了。

但是！学习永远不晚，坚持永远不晚。你必须知道轻松的工作结不出硕果。坚持不容易。但你可以奋发努力。你可以重新开始。

希望你已经吸取了教训。等你三十岁的时候，我再来和你谈。

谢谢大家！

01 讲稿构思

这是为“希望之星”四强总冠军争夺赛准备的第二篇演讲稿。这篇演讲稿从责备自己不够努力、未能坚持、最后无一技之长入手，谈的是不懈努力的重要性。稿子的构思是做反面文章，以批评为主要内容，表达的是“没有努力就没有技能”的主题思想。演讲结尾提到“等你三十岁的时候，我再来跟你谈”，这一点呼应开头，又留下想象未来的空间，切合题目立意，是设计中较为巧妙的一个点。

02 遣词造句

这篇演讲稿涉及钢琴、书法、绘画等常见题材，比起上一篇内容更为大家所熟悉，应该更能被接受，因此在语言表达上有了更多修饰的空间。语言技巧上主要有以下几个较为重要的方面：

1）运用平行结构。第一段的“playing beautiful piano，doing beautiful calligraphy，and painting amazing pictures”，第三段的“piano drill，calligraphy drill and painting drill”“more TV，more digital games”“You fought back. You groaned. You complained. You just skimped.”，第四段的“It is never too late to learn，and it is never too late to persist.”等都是典型的平行结构。这些平行结构不只是简单的罗列说明，更多的是为了传达一种情绪。

2）巧用短句。本篇用了较多的短句。第二段、第三段、第四段都以短句开头，比较有力。第二段的“It serves you right.”表达的是责备，第三段的“Right”表示强调，第四段的“But!”表示坚定的转折。第三段结尾的短句“And now you are regretting.”则表达了“你看看，现在后悔了吧”这样的意味。第三段中间的“But you fought back. You groaned. You complained. You just skimped.”四个平行短句，则是力图形象地呈现当时不愿努力的情形，有较强的表现力。

3）口语化语言的使用。本篇演讲稿较为口语化，用了许多短句和不完整句，另外还用了“easy peasy，lemon squeezy”这样的俚语。口语化语言的使用，适合本篇题目“跟自己谈话”的语境设定，能起到亲和的效果，拉近与听众的距离。

03 展示技巧

本篇演讲稿为契合题目设定的语境，语言较为口语化，因此在演讲呈现时也要注意使用口语化的语气，总体上避免过于正式的“演说”口气。不过也要注意语气的微妙变化，具体为：

1）第一段向听众交代演讲的缘由，要用较为平实的语气。最后的“Thank you.”是向听众表示感谢，要真诚。其余各段都是对自己说话，则用交谈聊天的语气。

2）短句的呈现要利索、果断，不可拖沓。平行结构的呈现口气要体现列举项目数量之多。

3）要注意各标点符号所想传达的语气，尤其是带感叹号的句子一定要有力。

4）要根据情景准确传达情绪，如“If only I hadn’t given them up.”一句，一定要传达出懊悔之情。第四段和第五段是对自己的鼓励，口气态度上一定不能太“软”，要能让人感觉到有一种奋进的力量。

当然，语气上的变化非常微妙，道理上说说容易，实际做起来还是很难的。不过，只要演讲者用心琢磨，多加练习，还是可以很好掌握的。

04 比赛感悟

此稿比赛中亦未启用。相较前一篇，其具备两点显著优势：一是为后续努力指明了方向；二是语气契合题目设定的语境，且在语言表现力上提供了更大的发挥空间。从思想内涵看，该演讲稿题材虽非标新立异，但其融合了深刻的自我反思、自我批判，与对未来的积极展望，立意仍具一定高度。如今审视，其仍有诸多可取之处，最终未予采用，不无遗憾。

11. What I Would Say to My 20-Year-Old Self (3)

In eight years I will turn twenty. What I would say to my 20-year-old self is: “Congratulations! You have raised a Pikachu.”

Since I was eight years old, I have been fascinated by Pokémons. I watched all Pokémon cartoons, played all Pokémon games, read all Pokémon books. Name any Pokémon, and I can tell you everything about it. Its type. Its evolution. Its abilities. Everything.

Among all Pokémons, my favorite is Pikachu. I love him so much that for about one or two years, I talked to my mom only with “Pika”, “Pika”, “Pika”. Luckily, Mom understood my language. From then on, I have engaged myself in raising a Pikachu.

It was no easy job. First I studied. I studied artificial intelligence. I studied zoology and biology. I studied programming and gene editing. Then I created. I used AI to build the machine that later gave birth to my Pikachu. I used zoology and biology to choose the animal gene I was going to edit. I chose a type of giant rat and edited its genes by using genetic engineering and computer programming. Then, I used AI technology and 3D printing and created some Poke Balls.

Days and nights. Days and nights. And... Voilé! There was my Pikachu. My hard work paid off. I am so happy, not only because I won the Nobel Prize in Biology but also because, with my Pikachu, I am not alone.

Pika pika!

（237 词）

对二十岁的自己，我会说什么

再过八年，我就二十岁了。我会对二十岁的自己说："恭喜你，你养育了一只皮卡丘。"

从我八岁起，我就迷上了精灵宝可梦。我看了所有的宝可梦卡通片，玩了所有的宝可梦游戏，读了所有的宝可梦书籍。你随便说一个宝可梦的名字，我都能告诉你关于它的一切。它的类型，它的进化链，它的能力。一切。

在所有的宝可梦中，我最喜欢的是皮卡丘。我非常爱他，甚至于有一段时间，我跟我妈妈说话都只用"皮卡""皮卡""皮卡"。幸好妈妈懂我的语言。从那时起，我就立志要养育一只比卡丘。

这可不是一件容易的事。我首先投入学习。我学习人工智能。我学习动物学和生物学。我学习编程和基因编辑。然后我创造。我用人工智能制造了后来诞生我的皮卡丘的机器。我用动物学和生物学来选择我要编辑的动物基因。我选定了一种大鼠，并通过基因工程和计算机编程编辑了它的基因。然后，我运用人工智能技术和 3D 打印技术，制作出了一些精灵球。

日日夜夜。日日夜夜。然后……成功了！我的皮卡丘诞生了！我的努力得到了回报。我欣喜若狂，不仅因为我获得了诺贝尔生物学奖，更因为拥有了我的皮卡丘，我不孤单了。

皮卡皮卡！

01 讲稿构思

这是为“希望之星”四强总冠军争夺赛准备的第三篇演讲稿，也是最终启用的稿子。曾几何时，我对 Pokémon 十分着迷，阅读了所有能找到的相关书籍，对其世界可谓了然于胸。面对该赛题，我自然联想到采用 Pokémon 的主题，并发挥想象，构思了一个关于自己创造皮卡丘的故事。在演讲中，我着重描述了这一创造过程中在跨学科研究领域所付出的艰辛。而演讲的深层内核，则是对人类科学研究取得突破所需历程的深刻隐喻。

02 遣词造句

这篇演讲稿语言上的修饰性较强，主要用了以下几种技巧：

1）平行结构。第二段的“I watched all Pokémon cartoons，played all Pokémon games，read all Pokémon books.”“Its type. Its evolution. Its abilities.”，第三段的几个“I studied...”和“I used...”等句子，都是典型的平行结构。这些平行结构的使用，或是为了强调我对 Pokémons 的熟悉程度，或是为了突出研究过程的复杂与艰辛，都有比较好的效果。

2）重复。第三段三个“Pika”的重复，表达的是三种不同的意义和情感。第五段“Days and nights. Days and nights”的重复，则是表示夜以继日研究的艰辛。最后一段的两个“Pika”的重复，传递了喜悦与感激之情。

3）短句。本篇总体句子结构不复杂，句子不长，但有一些特别突出的短句使用，如第二段末尾的“Its type. Its evolution. Its abilities. Everything.”，表示对 Pokémon 的一切都很了解，非常简洁有力；第四段的“It was no easy job.”“First I studied.”“Then I created.”三个短句都用来做总起句，言简意赅；第五段的“Days and nights. Days and nights.”两个短句强调艰辛，后面紧跟“And...Voilà!”表示千日艰辛、一朝成功的对比，效果显著。

但是，这篇演讲稿有一个词用得不是很好，而这个词恰恰是本篇中非常重要的一个词，那就是“raise”。这个词一共用了两次（第一段的“raised”，第三段的“raising”），我想表达的意思是“发明”，用了拟人化的“raise”，可是这个“raise”的意思，一般是“养”“育”，在不清楚语境的情况下，很少有人会将它与“发明”联系在一起。我自己心中是清楚这个语境的，可是，听众，包括评委，是否清楚？现在看来，好像并不一定。这大概也是我这篇演讲让人迷惑的一个地方。其实，当时用了“raise”以后，再在合适的地方用

"create""invent"等词来替代一下，这个意思就很明确了。很奇怪当时怎么就没有想到呢？遗憾。

03 展示技巧

本篇演讲最主要的展示技巧是运用不同的语调来传达不同的情感和意义，具体做法有：

1）第一段的"Congratulations!"要真诚，"You have raised a Pikachu."要惊讶，还要有"了不起"的感觉，所以在"Pikachu"一词上要强读。

2）短句要利索、有力，尤其是第五段的"Voilà!"，要有豁然开朗的感觉。

3）不同的平行结构传达的是不同的情绪和感觉。如第二段末尾的平行结构语气要略显轻松，要有一切全在掌握之中的感觉；第四段的几个平行句表达的是研究的漫长与艰辛，语气上可适当放缓、略显低沉。

4）重复的词语也有不同的情感与意义，要能用语气体现。如第三段的三个"Pika"，包含的意思可以是"yes""no""really"或"all right"等，应用不同的语调传达出这些不同的意思；最后一段的两个"Pika"则是表示开心和感谢，语调上要充满喜悦和真诚；第五段的两个"Days and nights"表达的是日日夜夜重复的过程，语速可以放缓，语气应带有沉重感，与后面的"And...Voilà!"形成鲜明对比。

总体而言，本篇演讲开头介绍缘起时可采用比较客观平淡的语气，在讲述Pikachu的时候不妨用一些比较萌的儿童化语气，而讲述研究过程时则使用较为成人化、正式的语气，最后结束时的"Pika pika!"又回复到较为萌趣的语气。这种多层次的语气变化，使演讲显得较为灵活生动，并且与主题契合。

04 比赛感悟

四强赛以一篇演讲决出总冠军，我没有能够摘取桂冠。一位评委老师指出：这是grand final，我的话题格局不够宏大，未能上升到对人性的批判层面，实属可惜。评委老师的话非常中肯。现在反思，整篇演讲稿讲了创造皮卡丘，挺不错，但是，创造出皮卡丘干什么呢？除了结尾点明"With my Pikachu, I am not alone."以外，还有什么？难道仅仅因为你创造的皮卡丘可以给你做伴，诺贝尔奖就应该颁发给你？这项发明有没有为全人类做点什么？这就是格局受限的地方。

除此以外，还有三点很重要：

1）演讲有瞬时性的特点，重要的信息是需要强调的，否则听众很容易忽略。这篇演讲中一定要强调对二十岁的自己所说的那句话，强化它在听众心中的印象，但在我的演讲中，“What I would say to my 20-year-old self is...”和“Congratulations! You raised a Pikachu.”都只出现了一次，一下子滑过，未能突出重点，致使听众难以明确主题，很难给人留下深刻的印象，这也是我落败的一个重要原因。

2）皮卡丘这个话题，有很多听众可能并不熟悉，尤其是资深评委，兴趣点可能不高。这或许也是一个原因。

3）基于皮卡丘的主题，演讲中有些地方采用了比较“萌”的语调，不能说不合适，但是，在这样重大的 grand final 上，这样的语调到底是不是最佳选择，可能还是值得多考虑的。

我虽然没能获得冠军，但是这次比赛让我收获良多。整个赛事周期长、难度大，尤其是最后的总冠军争夺赛，环节设置独特，又有电视录像，压力异常大，对我的成长有很大的促进，特别是我从中汲取经验和教训，为我以后的比赛提供了许多借鉴。回想当初，我因为在省赛中只获得亚军，一度曾经考虑放弃国赛。所幸有爸爸的鼓励，妈妈带着我去了北京参赛，我不但取得了很好的成绩，更重要的是明白了一个道理：如果去做，你有可能成功；如果不去做，那一定是不会有成绩的。庆幸当初选择了坚持，才有后来让我走得更远的可能。

12. Positive Is Everything

Ladies and gentlemen, good morning/afternoon.

Two weeks ago, I took part in the 21st-Century National Primary School English Speaking Competition, and lost, bitterly. I just couldn't believe it! After all those days of practicing and all the tense competing, why should I have to lose? Why shouldn't the other contestants lose? But this was the ruthless reality I had to face. I sighed. I cried. I didn't want to talk to people. I shut myself up in the bedroom and ate nothing for a whole afternoon. Well, you might ask, "If you feel so bad about losing, why are you taking part in today's competition?" Because I have stood up. I have fashioned myself a new style—positive.

When I was tossing and turning in bed while shut up in my bedroom, I thought a book might calm me down a bit. So I went to the bookshelf and picked an English book about Spiderman. I randomly turned to a page and read: "Spiderman was very sad after losing to Electro and became negative. But Ironman came just in time to make Spiderman positive and defeat Electro." Negative? Positive? I wondered about the two words I had never heard of. So I searched on my phone and found out about their meanings. I learned that the emotion I was having at the moment was "negative". I also learned how to become "positive", which is a good emotion. I thought, Well, maybe I'd be "positive" instead of "negative". And, magically, as soon as I thought so, I felt much better! When I walked out of the room, I already had a happy smile on my face and "All is well that ends well"!

Why can the positive attitude improve things? I wondered and wondered and I did some searching and researching. You know what? If a negative person and a positive person travel together in a desert and find half a glass of water left, the negative person will say, "Oh no! There's only half a glass of water!" But the positive person will say, "Brilliant! There's still half a glass of water!" That makes a great difference in emotions—the negative person will complain even if they've got everything, but the positive person will still be cheerful even if they have nothing. And, if the same two people are in jail and they look out from behind the same bars, the negative person will only see mud but the positive person will see stars. While the negative person tends to give up hopes, the positive person will keep on working and he achieves.

Why? Because our attitude decides our mood, affects our health, and even changes our life experience.

Beethoven lost his hearing when he was twenty-six. But he was positive and swore that he was going to seize the throat of life—and he did! In his fight with destiny, his fire of life burned more and more vigorously. And he achieved his goal and became a great musician. Stephen Hawking got the terrible disease of ALS when he was twenty-one, but he was positive and fought it. He not only survived, but also made great discoveries such as those about the black hole. See? These are the greatest people of all time! And of course, a major reason of their greatness is their positive attitude!

These great people are the shining stars in the universe. Maybe we won't be as brilliant as they are, but at least we can be a speck of light, like the glowworm, small but positive.

Life is like a necklace of pearls and jewels, and positive attitude is the most valuable gem among them. Emotions are like an ocean, and positive attitude is the prettiest wave in it. Attitudes are like the plants in a garden, where positiveness is the flower which is the most gorgeous. So, ladies and gentlemen, let's cast all negative attitudes behind and start a promising, productive positive life !

Thank you.

（661 词）

01 讲稿构思

2018 年，我第一次参加 NSDA 原创演讲比赛失利，但我并未气馁，而是积极吸取教训。2019 年 4 月我再次参加了在宁波举行的 NSDA 原创演讲比赛。演讲稿以自己的失败事例开篇，讲述了我如何受到蜘蛛侠故事的启发，以积极的态度对待失利，改变情绪，并深入探讨态度如何影响人、积极态度如何引领成功，最后呼吁大家抛弃消极态度，开始积极的人生。稿中不仅引用了名人事例，也运用了比喻、平行结构、头韵等修辞手法。“铁窗之内两个人，一个看到的是泥巴，一个看到的是星星”，这一意象源自英国诗人弗雷德里克·朗布利奇（Frederick Langridge）那首著名的诗歌“Pessimist and Optimist”。

02 遣词造句

除了我常用的平行结构、重复等修辞手法外，本篇演讲稿比较重要的修辞手法有：

1）比喻。第七、八两段几乎全部用比喻写成，使抽象的道理具象化，增加了语言的美感，更能吸引听众。

2）头韵。头韵（alliteration）是英语中常用的修辞手法，指在一行或一句中两个或两个以上邻近词词首发音相同的情况，具有音美、形美的特点，有较强的表现力和感染力。本篇演讲头韵手法用得不多，仅在最后使用了“promising”“productive”“positive”，正是因为用得不多，反而效果更为突出，而且是在演讲最后呼吁大家开始以积极态度生活的句子中，显得尤为有力。

3）典故。典故（allusion）也是英语中常用的修辞手法，笼统地讲，典故就是间接提及人、物、事等。在写作和言谈中，使用为人所熟知的人、物、事等都是运用典故，引用也往往归入典故之列。典故的作用在于丰富语篇的肌理，使描述或说理更为具体形象，使道理和观点更能为人所接受。本篇演讲中使用了蜘蛛侠、贝多芬、霍金等的事例，就可算作典故。对 Frederick Langridge 诗歌“Pessimist and Optimist”的引用，没有点明出处，只讲铁窗后两人所见，更是典故。朗布利奇的诗很短，只有两行：“Two men look out through the same bars; | One sees the mud，and one the stars.”使用此典故，不仅将抽象哲理用形象的画面呈现，而且节奏鲜明，使语言更为悦耳。

03 展示技巧

这篇演讲总体架构基于三个对比：一是失望、沮丧与释然、轻松的对比，二是叙述与说理的对比，三是消极与积极的对比。展示时要注意用不同的语气语调来呈现：讲述亲身事例中失望、沮丧的部分时，要用颓丧、烦躁的口气；讲述释然、轻松的部分时，采用轻快、开朗的口气；叙述故事时，语气可以富有变化；进行说理时，则要用略为平实但清晰的语调；表达消极内容时，可以用低沉的语调；阐述积极的态度时，则要用坚定而略为昂扬的语气。另外，讲述名人故事时，语气上也可以设计出从低落到高昂的变化过程。引用诗歌时，则一定要有明晰的节奏。至于《蜘蛛侠》书中的语言，可用朗读书籍的声调。

04 比赛感悟

首先，相较我的第一篇 NSDA 演讲稿，本篇内容源自熟悉的自身经历，使我能够更好把握。其次，这篇演讲稿的层次比较清晰，各个部分区分明显，过渡又很自然，稿子的记忆、语气的琢磨、意义的理解等都比较容易。另外，经过上一次比赛失利的教训，我提早开始细致扎实的准备，最终在这次比赛中晋级决赛，取得了较好成绩。从这一点来看，失败真的只是成长道路上的一个加速器。有志于演讲者，千万不要因为一两次的失败而失去了前进的动力。

13. Unbalanced Expectations Lead to Disappointment

Good morning/afternoon, ladies and gentlemen. Today my speech is “Unbalanced Expectations Lead to Disappointment” .

Three weeks ago, I went to the Shanghai International Debate Tournament. After the event, Mum and Dad drove me home. It was during the May Day holiday, you know, and the freeway was full of cars, so we took another route instead of the one we had originally planned to take. Before we set off, I asked my parents, "You see, I have done well in today's debate and ended up as the runner-up. So, when we pass a service station, could you please take me to the KFC or MacDonald's for an ice cream?" My parents said, "Yes, yes, of course!"

So we set off. On the way, I kept thinking about the ice cream I was going to have. Which flavor am I going to choose? What kind of cone? I could almost taste it on the tip of my tongue.

And, alas, when we got to the service station, which was a five-star one, we found that the shops that sold ice creams were all closed, which means—there was no ice cream for me to enjoy. The taste on the tip of my tongue turned bitter.

Imagine! How sad I was! I sighed, I cried, I rolled in the car... But at last, Mum said to me, "Would you stop being mad about your ice cream? You have been expecting just too much! You know, if one expects something so hard but fails to get it, he will be very miserable! What do they say? Expectation leads to disappointment!"

How on earth can expectation lead to disappointment? I wondered and wondered and I did some searching and researching. You know what? Sometimes we overestimate our abilities, expect too much, and lose balance between our expectations and reality. For example, today when I am standing here giving this speech, if I get pompous and think I am the best speaker, I will most likely get the greatest disappointment and even start to despise myself when the competition ends. However, if I know myself well and set a reasonable target within my ability, say, to finish the first round, I certainly won't get so disappointed, right? This means that we have to balance our expectations well in our daily life, which means it is not expectation that leads to disappointment, but it is unbalanced expectations that lead to disappointment.

Since I was born, I guess many ideas have flashed and are still flashing through my parents' mind, about how successful I can be. I did painting. I did calligraphy. I played the piano. I played chess. I played badminton, table tennis, basketball, football. Just name whatever ball games you can. Now I am going to apply to a middle school. I know my parents have great expectations for me even though they only tiptoe around the issue. But please look at me. I am only a 12-year-old kid. I will try but I cannot promise to fly. Don't expect too much from me or very disappointed you will be.

So, here is my appeal—and this is also an appeal from many of us, children of my age—we want to call on our parents to balance their expectations with our abilities. We are only kids. We are not Supermen. We are not Spidermen. We are not Ironmen. Unbalanced expectations lead to disappointment.

So, ladies and gentlemen, let's always remember that unbalanced expectations lead to disappointment! And let's start a new life with brilliant beautiful balanced expectations!

Thank you for your attention!

（598 词）

01 讲稿构思

这是 2019 年我参加 NSDA 苏州赛区原创演讲比赛的演讲稿。其整体架构与上一篇类似，主要运用对比的手法，先通过自己的亲身经历对比“期待”与“失望”，再对比“期待”与“不平衡的期待”，通过阐述期待、不平衡的期待与失望之间的关系，说明对努力与结果应持何种态度，并呼吁人们正确对待。演讲以故事开篇。一般来说，这种开场方式的演讲对听众有较强的吸引力。

02 遣词造句

本篇演讲稿在语言处理上与我其他演讲稿类似，多使用平行结构、短句、重复、比喻等，其中有以下几点较为突出：

1）平行结构。恰当使用平行结构能起到很好的强调作用，但不恰当使用则会让语言拖沓疲弱，失去强调效果，所以需酌情做适当的调整。演讲稿第七段，“I did painting. I did calligraphy.”已经用了平行结构，其后“I played the piano. I played chess.”又是平行结构，再后面如果还用“I played badminton. I played table tennis...”，反而会显得无力，因此作了调整，将几个名词词组放在一个“I played”后面，成了“I played badminton，table tennis，basketball，football.”，这样使语句有了节奏变化，避免了单调。

2）夸张。夸张（hyperbole）也是英语中常用的修辞手法。第三段的“I could almost taste it on the tip of my tongue.”和第四段的“The taste on the tip of my tongue turned bitter.”都是夸张。夸张的使用，很好地突出了对冰淇淋的期待和期待落空之后的失望，比较生动。

3）对比。演讲稿叙述自己经历的部分突出了对冰淇淋的渴望与期待，后来期待落空，又突出了失望，这是一种强烈的反差。这种对比能给人深刻的印象。

4）行中韵。行中韵（internal rhyme）又称行间韵等，是诗歌中常用的一种修辞手法，指在同一行诗中通过重复使用相同或相近的音节或词汇使其押韵。本篇演讲稿第七段“I will try but I cannot promise to fly.”和“Don't expect too much from me or very disappointed you will be.”两句都用了行中韵（虽然都是不完全韵），增强了语言的节奏感和乐感。

5）头韵。演讲最后，呼吁大家要正确对待期待，“brilliant beautiful balanced”三个修饰“expectations”的形容词用了头韵，与上一篇演讲一样，此处的头韵使表达铿锵有力。

03 展示技巧

本篇演讲稿与上一篇演讲稿有很多类似的地方，也是基于几个对比，因此展示技巧上也跟上一篇差不多。此外，有一处停顿需要特别说明：第四段的“which means —there was no ice cream for me to enjoy”中，破折号处的停顿要略为延长。这个破折号本来可以不用，但添加以后，表示此处应作略长于常规的停顿，以更好地传达出乎意料的结果和期望与期望落空的对比。

04 比赛感悟

这次比赛时间与上一篇稿子的参赛时间相隔不远，两篇稿子的构思也相差不大，只是主题有所不同。有趣的是，两次比赛的结果也差不多，这次我也晋级了决赛。不过，这次演讲给我的启示更多，因为它又一次让我看到了自己努力的结果。应该说，在演讲的道路上，我正在慢慢地但是扎实地向成功迈出步子。

14. Happiness

Good morning/afternoon. I'm very glad to be here today to give my speech. We drove here yesterday. But just a week ago, it would have been impossible when Typhoon Likema was sweeping through East China and plunging it into a Deluge. Some cities in our province, such as Linhai, were virtually submerged in floods. People were not just worried. They were scared. Their happy life had been almost completely wiped out. Happiness seemed to be slipping away.

The good thing was, many people came to the rescue of the victims. The situation in Ningbo was relatively better, but Linhai was a horrible scene. So quite a number of people from Ningbo went there to help. One of my father's friends went there. After two days, he came back, extremely exhausted but in unbelievably high spirits. In fact, happiness flowed on his worn-out face. I was very curious and asked him how he could seem to be so happy while he was so dog-tired. He winked at me and said, "You know, I have done something for their happiness."

This reminds me of a neighbour, a man who tries to get happy by drinking. Every time he drinks, he seems to forget the whole world and swim in his happy alcohol, only to get more down when he sobers up. I know this is not real happiness.

What is real happiness? Real happiness comes from having a purpose of life. But for many people, life doesn't seem to have a purpose. For them, life is just for life's sake. They take whatever comes to them in life. They do whatever job is available. They eat whatever food is available. They read whatever books are available. Or, they don't read any book at all. They simply live. And die. They never think what they live for. Is it for three meals a day to fill their stomach, or for waking up to see the sun rise and, again, taking whatever comes to them?

For some other people, the purpose of life is to live happily. But happy life for them consists in whatever happiness they can pick up at this moment. Right, this moment, this transient moment, that is their happiness.

For them, a one-minute video of stupidity on TikTok is happiness. A nonsensical joke on WeChat Moments is happiness. For their so-called "happiness" , they quit jobs, they drown themselves in alcohol, they plunge into video games and do not get out of them for days and nights. Some even take drugs. They seek happiness in illusions, only to wake up and find that they are actually unhappier than before.

Transient happiness is never real happiness. Happiness without a long-term goal is never real happiness. Many of us have probably heard of a notorious place in Shenzhen called Sanhe. In Sanhe there are flocks of young people without any aspiration. Most of them work for one day for 100 yuan and then benumb themselves for the next three days in a net bar until they run out of money. They mistake their benumbed state as happiness.

Needless to say, this is not real happiness. Transient temporary benumbing is never happiness. Rather, it is the denial of all happiness. It is the negation of any reasonable concept of happiness.

Then what IS real happiness? There are two kinds. The first kind comes from our effort to make our individual life better, not only materially, but also spiritually. We endeavour to keep away from transient temporary happiness. We pursue long-term and greater happiness by developing ourselves into a man of culture and integrity.

The second kind of real happiness derives from helping others live a happy life. Those of us who pursue this kind of happiness pursue the happiness of all human beings. They have a purpose of life in their heart. They live for the happiness of the majority. Their own lives may be short, but their journey in this world is like that of a shooting star in the sky, illuminating the world in an instant by burning their own precious lives, winning admiration and respect from others. Those who went to the rescue of the Likema victims reported that they had a strong sense of happiness. These are the people who really know what happiness is.

So, ladies and gentlemen, real happiness is to have a purpose of life. It is to live a happy life and to help the majority live a happy life. Real happiness lies in giving ourselves and all the people and all the world a happy life.

Thank you!

（763 词）

01 讲稿构思

这是 2019 年我第一次参加 NSDA 全国总决赛原创演讲的一篇演讲稿。跟往常一样，这次比赛，我的稿子经过多次修改，后来定下了两稿：一是这一篇“Happiness”，另外一篇是后面的“Purposes of Life”。我最终选用的是“Purposes of Life”。两篇稿子内容基本相同，但思路不同。我认为“Purposes of Life”明显比“Happiness”更为细致、深刻，格调也更高。之所以将未启用的这篇“Happiness”也收入此处，旨在让大家对修改过程有所了解，也许能给大家一点启发。

此篇演讲通过事例、对比等阐述什么是生活的目的，什么是真正的快乐和幸福，提出真正的快乐和幸福是生活有目标，是帮助大多数人过上幸福的生活。演讲稿从事例展开，对比真正的幸福和非真正的幸福，然后讨论怎样的幸福不是真正的幸福，最后提出怎样的幸福才是真正的幸福，以此鼓励人们将自己的幸福建立在帮助他人幸福的基础上，结构上层层推进。

02 遣词造句

本篇在语言上延续了我惯用的平行结构、重复、修辞性问句等手法。这些技巧在前面的演讲稿分析中已经有较多讨论，这里不再细谈。演讲稿开头两段的事例属于叙述，用了较多的具体词汇（specific words），如“plunging”“slipping away”“flowing”等，使描述更为生动。

03 展示技巧

本篇演讲的展示技巧与前几篇类似，但有几个地方可以特别注意：

1）第二段父亲朋友那种疲惫但幸福的神情和俏皮但崇高的讲话语气，最好能模仿出来。

2）第五段讲到“whatever happiness they can pick up at this moment”，紧接着有“Right, this moment, this transient moment”，意在表示一种忽然想起，临时补充的感觉，因此，呈现时要体现这种忽然想起的语气和停顿。

3）对于需要特别强调的地方，如第八段“Then what IS real happiness?”中的“IS”，一定要强读。实际上，不仅是这种特意用大写字母标出的强调词语，有许多没有特别标出的词语，如果句意中需要强调，也一定要注意用重读、强读、延长音等呈现。稿子在写作、打磨和记忆的过程中，就应特别关注这一点。

04 比赛感悟

本篇演讲稿未用于正式比赛，可以说是正式比赛所用演讲稿的预备版。稿子经历了多次修改，有时候甚至要推翻整个构思，这对我而言是一件很痛苦的事情，尤其是当不得不抛弃一些比较好的构思时，更是不舍。但是，经过一次次的修改，就会发现稿子一次比一次完善，这时又会充满信心。有人说，“好文章都是改出来的”，这话有一定道理。当然，演讲稿的修改是没有止境的，尤其是当你带着自认为非常精彩的演讲稿去比赛，却发现无论如何还是比不上对手的时候，会感到很气馁。这很自然。 但是，反过来，这也会让你有新的发现：“啊，原来别人可以写得这么好啊！我可以从他们身上学到不少东西呢。”

15. Purposes of Life

Does life have a purpose? With days and days of hard work, loads and loads of homework, even I, a primary school student, start to wonder about this question. I asked my grandparents this question. They answered: to live a long and healthy life! I asked my parents. They answered: to have a happy life! But what is happiness in life? I cannot find much happiness in doing homework. Playing video games brings me much more fun. My parents didn't argue with me. They suggested I play video games for three days. After that, they took me to a neighbor, who had just come back from the rescue of the victims of Typhoon Likema. We had a very nice talk. I saw an extremely exhausted but extremely happy person. Looking at myself, I felt indeed void after the video games of three days.

I started to think, what is real happiness that could become the purpose of life?

For some people, life doesn't seem to have a purpose. For them, life is just for life's sake. They take whatever comes to them in life. They eat whatever food is available. They do whatever job is available. They read whatever books are available. Or, they don't do any job or read any book at all. They simply live. And die. They never think what they live for? Is it for three meals a day to fill their stomach, or for waking up to see the sun rise and, again, taking whatever comes to them? For these people, there's no happiness at all, less to say real happiness.

For some other people, the purpose of life is happiness at THIS moment. For them, a one-minute video of stupidity on TikTok is happiness. A nonsensical joke on WeChat Moments is happiness. Many of us have probably heard of a notorious place in Shenzhen called Sanhe, where flocks of young people work for one day for 100 yuan and then benumb themselves for the next three days in a net bar until they run out of money. For their so-called "happiness" , they quit jobs, they drown themselves in alcohol, they plunge into video games and do not get out of them for days and nights. Some even take drugs. This is definitely not happiness. This is transient temporary benumbing.

Then what is real happiness? There are two kinds. The first comes from our effort to make our individual life better, not only materially, but also spiritually. Hard work. Friends. Family. Health. Love. Career. With these words in mind, we endeavour to develop ourselves into a man of culture and integrity, and thus obtain long-term happiness.

The second kind of real happiness derives from helping others live a happy life. Those who went to the rescue of the typhoon victims reported they had a strong and lasting sense of happiness. Scientists who try new medicines on themselves bring happiness to others. Harvard graduates who went to the poorest places in Africa create happiness for mankind. Those of us who pursue this kind of happiness pursue the happiness of all human beings. They have a purpose of life in their heart. They live for the happiness of the majority. Their own lives may be short, but their journey in this world is like that of a shooting star in the sky, illuminating the world in an instant by burning their own precious lives, winning admiration and respect from others. These are the people who really know what happiness is.

So, back to my question. What is the purpose of life? The answer is clear.

Ladies and gentlemen, life does have a purpose. The purpose of life is to live a happy life and to help the majority live a happy life. Real happiness lies in giving ourselves and all the people and all the world a happy life.

Thank you!

（644 词）

01 讲稿构思

根据上面一篇演讲稿的分析，“Purposes of Life”可以说是“Happiness”的升级版。与前一篇相比，它对“怎样的幸福并非真正的幸福”的讨论更为精炼和集中。

演讲稿以“生活是否有目标”这一问题开篇，浓缩了“Happiness”一稿开头的事例，将我自己的生活与邻居的生活作了对比，然后开始思考什么是真正的幸福、什么是生活的目标，将幸福上升到 purpose of life 的层面，并指出真正的幸福在于给自己、所有人乃至全世界带来幸福的生活，格调较上一篇更高。演讲稿对“没有幸福”“没有真正的幸福”以及“什么是真正的幸福”三个部分的讨论作了一些调整，比“Happiness”一篇更为凝练紧密。

02 遣词造句

本篇基本删去了“Happiness”开头的叙述性事例，只是留下了几句简单的交代，因此失去了部分生动性。如何弥补才能抓住听众的注意力？本篇采用了三个方法：

1）第一段用了“days and days of hard work，loads and loads of homework”和“I asked my grandparents this question. They answered: to live a long and healthy life! I asked my parents. They answered: to have a happy life!”这样两个平行结构，使行文更为紧凑，同时又很具体。

2）第一段还运用了对比手法，将外公外婆、父母和我对幸福的不同理解并置，将“打三天游戏”与“驰援灾区”并置，形成较强的张力。

3）比起“Happiness”，本篇更注重行文的紧密与精练，尤其是长短句的交错使用。比如第五段在一个较长的句子后使用了“Hard work. Friends. Family. Health. Love. Career.”这样由六个单词或词组组成的短句，不但使意义浓缩，而且与前后的句子形成对比，增强了语言的节奏感。这样处理既能抓住听众的注意力，又通过一连串的并列结构，让听众理解得更为透彻。

4）第八段的“giving ourselves and all the people and all the world a happy life”运用了递升法（climax，又称“高潮”）的修辞手法。递升法是通过使几个并列的成分在程度和范围上层层推进，将意义推向最高点。此处“all the people”高于“ourselves”，“all the world”又高于“all the people”，在演讲的最后，这样的递升法修辞适合表现宽广的胸怀和宏大的主旨。

03 展示技巧

与 Happiness 相比，本篇去掉了叙述性事例，因此展示时的表演性无须加以特别关注。但是，本篇用了较多的平行结构和对比手法，而且这些手法都有较强的意义内涵，因此在展示时要对其作恰当的强调。比如第一段外公外婆与父母所说的话、讲述邻居时两个“extremely”后形成对比的形容词“exhausted”和“happy”等，都需要进行充分的强调。第五段的六个短句“Hard work. Friends. Family. Health. Love. Career.”，语速可以逐渐加快。第八段的“does”“live”“help”都应强读；“ourselves”“all the people”和“all the world”用了递升法，三个词组的语气应逐层加强，到“all the world”时可将声调略为拖长，以显示这是最重要的顶点。

04 比赛感悟

NSDA 全国总决赛不同于地区赛，历来是高手云集的赛事。这次比赛我虽然认真准备，稿子也几经修改、打磨和练习，但仍然未能晋级。由此说明，我在原创演讲上还存在许多不足的地方，还有很长的路要走。虽未晋级，但能认清这一点，是非常好的事情。

16. I Am Tired

I am tired, for a start. It is the exact answer from most of us students when you ask us how school is going—tiring, wearying, exhausting. Or, as a matter of fact, we make up answers like “good” and “nice”, but these are only perfunctory in order to evade our parents’ education about how school is for our own good, and how they have done much more tiring work than we have. It’s just another taxing lesson to take.

996 is horrible. 996 is to work 12 hours a day from 9 o'clock in the morning to 9 in the evening and six days a week. I agree that some of our parents do work 996 and it is reasonable for them to say that they are working so hard. However, they never realize we are doing 796, 997, 7106, or worse, 6117. Our parents are teaching us that 996 will hurt our mental and physical health while signing us up in more extra-curricular classes which will induce 996. They are groaning and moaning about 996 every day while telling us we shall "cherish" OUR 996 "easy work" ! They are complaining to their bosses about 996 while telling us off for OUR complaints about overwork.

Words alone are no proof. I will show you numbers. Take my daily curriculum as an example. I get up at 6:45 every day and don't go to bed until after 9:45. Also, in order for myself to have a better future, I have calligraphy, piano, computer programming, Olympic maths, football and painting lessons on the weekends. Tonight is my 1,000th day of going to bed after 9:45. I think I shall celebrate it, shan't I? I'm just kidding, of course. But what my investigation shows me is that I have the most positive curriculum in my class. Mind you, there's no such phrase as "one of" . It is not "one of" the most positive curricula. It is THE only ONE positive curriculum in the class.

Statistics show us that students are literally exhausted under the pressure of overwork. In 2018, the number of students who became exhausted under the pressure of school work is even bigger than that of people who became exhausted from working pressure.

There is a joke: There are summer and winter vacations because students are exhausted from school work, and students return to school because they are exhausted from their extracurricular classes in vacations! Parents tell us that we need to have a bright future, so we need to work hard. But the future ahead of us is either to exhaust under overwork or to be brainwashed and have an all-mechanic-thinking style. There is literally no bright future ahead of us if we continue to work like this.

So, I have written a small poem for all the people in the world. Please lend me your ears.

My dear parents and my dear teachers, please hear me out.
Remember the time when you hop around and shout.
Remember the time when you tell us off
Because you think we are loafing about and not working enough.
Remember the time when you tell us to listen and accept
While several days later, you say you are forever correct.
Remember the time when you say health is important,
And the time we work late sleepy and reluctant.
Remember the time when you sign us up
On extra-curricular classes but ignore our "Yuck!"

But of course, please don't take this speech too personally;
It is that we just need a break so badly.
Please be reassured that good kids we will be.
So do have confidence in all kids and in me.

（607 词）

01 讲稿构思

这是 2019 年我参加 NSDA 宁波赛区原创演讲比赛的稿子。2010 年 1 月参加 TOC 演讲比赛时，我再次使用了此稿。两次比赛均荣获冠军。这是我第一次完全独立创作的演讲稿。虽然写完后仍由我父母在语言上作了一些修改，但整体的构思和写作是我自己完成的。演讲稿从当时的热词“996”入手，讨论了中小学生的学习压力。稿子中用了个人实例，更重要的是引用了世界卫生组织的数据，这些在说理上会更加有力。收尾处是我自己写的一首诗，诗的最后将“抱怨”反转为“决心”。诗歌的运用，也为演讲带来了更佳的声音表现力。本篇演讲的 motion（提议、呼吁）在末尾的诗歌中有所体现。

02 遣词造句

本篇演讲稿在写作上主要运用了以下技巧：

1）对比。演讲稿主要将成人工作与学生学习情况做了对比，尤其是工作与学习时长上的对比，有效地说明了学生的学习压力。

2）数据的使用。除了工作与学习时长数据外，主要引用了我个人学习安排上的数据和世界卫生组织发布的有关工作和学习压力导致死亡人数的数据。数据虽然不多，个人数据也并不能代表全部，但比较具体，有一定说服力（“窥一斑而知全豹”）。

3）反讽（irony）。第三段的“I think I shall celebrate it，shan't I?”用了反讽的修辞手法。反讽就是说反话，能起到制造幽默和有效传达意义的效果。此处的反讽幽默地传达了一种无奈。

4）诗歌的应用。演讲结尾嵌入原创诗歌，与多数演讲稿不同，给人以新鲜感。虽然这首诗并不十分出色，但诗歌语言的音韵和节奏无疑能给人带来愉悦的听觉感受，让听众更好接受其中所包含的 motion。

03 展示技巧

本篇演讲稿展示时需特别注意以下几个方面：

1）特意突出的地方要强读。第二段的两个“OUR”，都用了大写，是与父母的 996 作对比的，应强读。其他表示强调的单词，如第三段的“THE”和“ONE”，也做同样处理。第二段的“do work”不是动宾结构的“做工作”，而是动词“work”前加了一个表示强调的助动词“do”，因此在展示时要强读“do”。第四段的“dying”指涉真实情况，与普通的夸张用法不同，也需要强读。

2）数字的读法要正确。第二段的“7106”表示的是每天从七点到十点，每周六天，所以不可读作“seven-one-oh-six”，而应读作“seven-ten-six”；同样，“6117”表示每天从六点到十一点，每周七天，所以不可读作“six-one-one-seven”，而应读作“six-eleven-seven”。“996”读作“nine-nine-six”，“796”读作“seven-nine-six”，“997”读作“nine-nine-seven”。

3）口吻要正确体现。第三段的“I think I shall celebrate it，shan't I?”是反讽，要用调侃的口吻呈现。其后的“I'm just kidding，of course”需立即转为严肃的语气。形成语气上的对比。

04 比赛感悟

从这一次比赛开始，我的演讲稿写作基本实现了独立创作。当然，在动笔之前和之后，也会与父母及他人讨论，吸取更好的意见。语言上有时也会请我父母提供一些修改。从对稿子的熟悉程度角度看，自己写演讲稿要好于使用别人的演讲稿，因为对自己的思路和风格比较熟悉，在演讲时，语言与节奏上也更能体现所要传达的意义。不过，需要注意的是，一个人的视角未必是最全面的，因此应该多与别人讨论。

17. Artwork—Humans Vs. AI

One day, when I was reading Yuval Noah Harari's *A Brief History of Tomorrow*, I came across an interesting paragraph. It says that a software called Experiments in Musical Intelligence, or EMI, programmed by Professor David Cope, has succeeded in composing 5,000 Bach-styled hymns. Some of these hymns are played on stage with a tremendous result; the audience thought that these hymns were composed by Bach and praised them wildly until they realized the truth. After that, Cope signed a contract and published an EMI album called *Classical Music Composed by Computer*, which, like a magnet, immediately attracted a great bunch of fans. However, when its fans knew that the album was really what its name stated, I mean, composed by computer, they immediately changed sides and said that the music had no soul and that the compositions were no match to Bach's.

You see, people do appreciate music, but not music created by AI, i.e. artificial intelligence. Maybe you have realized that the EMI in my speech is always "it" . We automatically define AI as something without emotion or a soul and we believe that something without emotion or a soul cannot create as human beings do. EMI music audience said that although EMI had really good skills, it was too accurate to trigger any emotional resonance among the audience. However, when the same listeners mistook the EMI hymns as Bach's creation, they praised them relentlessly, saying that these hymns had a lofty soul and were full of emotional resonance.

People say that without emotion, works created by AI will just be like industrial products, void of the power of echoing universal sentiments. Then, do EMI and these hymns really lack a soul and emotional resonance, or is it just an illusion, a false imagination fostered merely by the listeners' discrimination against AI? In other words, the listeners are unhappy, and even afraid, to accept the truth?

To know this clearly, we'll first need to know what emotions are. What are emotions? Humans evolved from monkeys, so let's take monkeys as an example. When a monkey saw a bunch of bananas and a lion beside it, the monkey will have two responses. He will either feel a sudden surge of strength and charge at the bananas, or he will feel a shiver running down his spine and give up. Either to grab the bananas or to give up, the monkey must go through some calculation. For example: How far am I from the bananas? How fast can I run? How fast can the lion run? Is the lion asleep? Does the lion look hungry? Et cetera. Then what does the monkey use to do the calculation? He wouldn't suddenly pull a pencil from behind his ear and grab a notebook from his pocket. As a matter of fact, the monkey's whole body is a calculator. The result of the calculating is what we call emotions. The emotions can be fear. They can be bravery. Whether fear or bravery, they all come from the chance of survival, which comes from his calculating which is so fast that we haven't noticed. And many of these "emotions" , or, in other words, algorithm, create a soul.

Coming back to Bach and EMI. EMI is a program, which is built by algorithm calculating every second. If algorithm creates souls, why shouldn't EMI produce music with emotions or souls? EMI can absolutely replace some of the human musicians; it can even be a great composer. Artwork has many kinds: music, writing, poetry, painting, etc. Today there is only EMI, Experiments in Musical Intelligence. Soon there will be EWI, Experiments in Writing Intelligence. Then EPIs, Experiments in Poetic Intelligence, Experiments in Painting Intelligence, and so on and so forth. Soon, the whole area of art will be full of works by AI and humans alike. AI will eventually overcome humans in the area of artwork because AI can calculate faster. Or, optimistically, the rise of AI will hopefully give artists motivation so they can break their limits.

Whether AI will replace us or help us, we do not know. What we know is that AI will overcome humans in artwork sooner or later. And not only in artwork, but also in almost any field. And when that day comes, humans, be prepared.

（716 词）

01 讲稿构思

这是我 2019 年末参加 NSDA 原创演讲比赛的稿子。这篇演讲稿讲述了 AI 在艺术领域的应用以及人类对此应该持有的态度，核心论点是人类应该为 AI 在各个领域的大规模应用做好准备。演讲首先介绍 EMI 及其引起的争议，接着通过剖析发现人们不接受 EMI 的原因在于认为其创作缺乏灵魂和情感，而后分析情感的本质，最后得出结论：AI 也可以创造“情绪”，基于 AI 优越于人的其他因素，它可能会在艺术领域替代人类，因此人类需要做好准备。这是一篇纯说理性的演讲，架构上力图做到逻辑严密、层次清晰、论证有力。

02 遣词造句

鉴于本篇演讲以理性论证为主，语言上力图清晰准确，不求情感上打动人，没有做过多的修饰。趣味性主要体现在两个地方：

1）第四段对猴子的情绪与“算法”的想象描述。在纯理性的演讲中，最好也能融入一些有趣的事例和描述。在这一段对猴子的描述中，模拟猴子的心理反应，有较好的趣味性。

2）第五段展望艺术创作程序时的类比。这一段在 EMI 的基础上，预计未来可能会出现类似程序，由“EMI”一词推出“EWI”“EPI”二词，增添一定的趣味性。

03 展示技巧

总体而言，这篇演讲应力求清晰、准确，语气上应以平实、理性为主；但同时，为了使演讲更能吸引听众，也要呈现一定的趣味性，如模拟猴子的感受与动作，呈现猴子的心理反应过程。不过这一部分需注意不能“过”，否则演讲太“搞笑”，会失去严肃性和说服力，显得滑稽，反而收不到良好的说理效果。第五段讲“EWI”和“EPI”的部分，也可采用较为轻松的语调呈现。

04 比赛感悟

这篇演讲表现不温不火，属于“中规中矩”的类型。这类偏重理性论证的演讲，从效果上来讲，不太能够吸引听众，在引起听众共鸣方面较难发挥。这一点从此次比赛的情况也可以看出。我忘了当时的成绩，只记得名次虽然不是很低，但也未达前列。此类演讲还应力求生动有趣，才能更好地让听众接受演讲者的观点。

18. Resist the Irresistible

I was in the classroom. In a desk drawer there was a wallet full of cash. Nobody was watching. And I was in bad need of money for an MP4 player. Could I resist the temptation to take one or two notes or even the whole wallet? Could you? Your answer, certainly, is yes. The temptation of stealing, it's very simple, is something we, as civilized people, know how to resist.

When you grow up, you face stealing, bullying, sex, drugs and many many other things. You know well that these are immoral and know how to resist these sinful behaviours.

But there are other temptations, those in the invisible world. Let's talk about the baits in the virtual world hidden behind the screens of cell phones and computers. Could you resist browsing one ad after another just in search of enticing products? Could you resist your curiosity and refrain from clicking on the sexually attractive pages? Could you resist playing computer games for what you think is just to relieve the stress of your study?

There are so many temptations in the virtual world, so many lures that are given the name of fun and joy that kids my age tend to seek. We at this age tend to neglect work that we are supposed to do and look for something exciting. People love fun and joy; they reject boredom and effort. This is very common in the modern society. People know what to do but many of them simply can't resist the fun, the excitement that the virtual world pulls them into.

Take me for an example. I like playing with cell phones and computers. I do it when I am supposed to be doing my work. I know that I should finish my work before I play. For a long time, I just couldn't resist the fun and joy that indulging in the virtual world brought me. One day, I was doing my homework, and when I looked up, I found Mom was not there. I quickly grabbed the phone and clicked it on. In a second I had plunged myself into the wonder world of news, games, advertisements and Marvel movies. I didn't know how long I had been immersed in my cell phone when I heard a thunder of angered voice behind my back. My detective mom had found out about my secretive act. Oh, how outraged she was. I could see her blood boiling. She shouted at me, telling me that I was too bad at self-controlling. She told me that self-control is very important in one's life.

Is self-control that important? I was defiant. How come that one cannot succeed without self-control? But, deep in my heart I started to question my questioning, and later on I tried to explore these questions. Why can't a person succeed in life without self-control? A man's greatest enemy is the man himself. People have a lot of bad behaviors: arrogance, cowardice, idleness, overindulgence, etc. Basically, if we can get rid of those bad natural instincts, then we have achieved self-control.

The first and most important reason is: Time! Time is consumable. Time that is spent will not come back to us again. It's not reusable. Time in one's life is very precious; it needs to be used wisely. Time is wasted when we do something we should not do. Besides, as human beings, the most intelligent creature so far, we have our consciousness, we have our superego, and we should not be totally controlled by our instincts. We have, to be sure, bad behaviors. But we can get rid of our bad behaviors by forcing ourselves to do good things.

But then, why is self-control that hard? I continued to ask and answer questions. Because, firstly, self-control is painful. Imagine you have a choice between video games and boring work and that nobody is by your side. If you don't know how to control yourself, then only an idiot would choose to do the boring work. Who wants to reject the fun at your fingertips and do the boring work? It is very painful to pull yourself away from relaxation. Secondly, BECAUSE self-controlling is painful, it's easy to give up halfway on it. Most of us are very likely to ditch it. Also, because some people's ambitions are too far away from reality, some of them may lose their patience and passion and stand down from controlling themselves. Thirdly, momentary satisfaction chokes self-control. A Stanford University study shows that the majority of people cannot wait for long-term benefits; they go for short-term benefits, which will more often than not bring long-term harm. Even when they DO know this will eventually bring them harm, they tend to seek out the temptations that are closer to them. Last reason is that people always believe that they are lucky enough to be able to avoid the harm that is to come. They always think that harm won't find them, at least not in the near future.

See? That's why very few people can achieve self-control. But once you have achieved it, the benefits will be greater than anything. First of all, self-control can change your bad habits. A lot of people have bad habits such as arrogance, idleness and overindulgence. If you can control yourself, you can change these negative factors. For example, if you find yourself arrogant but you know how to control yourself, you will hold your arrogance in check and tell yourself to be humble. And then, one day, even if you want to be arrogant, you will find that you can't any more.

Secondly, you will not be enslaved by things. Instead, you will be in your own control. People are often controlled by things such as their mobile phones. But when you learn how to control yourself and resist the temptations, you will find that you have both your body and mind in control again!

Thirdly, self-control can bring you a bright future. Everybody knows Kobe Bryant was the world's legendary basketball player. But how many could answer his question: "Do you know what Los Angeles looks like at 4 in the morning?" Kobe's success is the outcome of his self-control. If you know how to control yourself, you might be as great as Kobe!

Lastly, self-control can make you truly a human. Self-control is like a soul soother that can wipe out all the negative sides of a man and make him truly a man.

Ladies and gentlemen, there may be temptations irresistible, but by self-control, you, and I, and we all, CAN resist the irresistible and CAN become a true man. Thank you.

（1110 词）

01 讲稿构思

这是我参加 2020 年 5 月 NSDA 上海赛区原创演讲比赛的稿子。这次也是高中组比赛，演讲时长十分钟。此次演讲探讨了如何抵制外界诱惑、实现自制自律。稿子的结构与条理较为清晰：开头通过一个设想的场景，说明人在现实世界中会碰到各种各样的诱惑；然后转到虚拟世界的诱惑，以自己为例，讨论自我控制的重要性和自律困难的原因；接着陈述自律能够带来的好处；最后呼吁大家以自律抵制诱惑，做一个真正的人。

02 遣词造句

这篇稿子的语言技巧与前一篇相似，但有以下三点可以特别一说：

1）对比。题目"Resist the Irresistible"本身就是一个对比，第六段的"question my questioning"等也是对比。特别是题目，"irresistible"与"resist"是同源词，放在一起作对比，颇具吸引力。

2）修辞性问句。第一段就有两个修辞性问句，其中"Could you?"是与听众的互动。第三段用了三个"Could you resist...?"的修辞性问句，也是与听众的互动，而且平行结构的使用使问题更为突出，听众更易于同意演讲者的观点。

3）名人例子。本篇引用了著名篮球运动员科比·布莱恩特（Kobe Bryant）的例子，以他的名言来说明自制自律的好处。这个例子出现在演讲即将结束的地方，可以起到画龙点睛的作用。

03 展示技巧

本篇演讲的展示技巧与上一篇相似：一是需要注意音调上应突出需要强调的地方，二是开头设想的场景和第五段自身的事例略带夸张色彩，不妨用稍为夸张的语调叙述。此外，还有一点值得一提，就是稿中用了一些圆周句，需要注意将语气重点放在句子最后的分句（或其他结构）上。但是，有一些句子，如最后一段第一句，在"CAN resist"出现前，刻意使用了"by self-control，you，and I，and we all"这样几个较碎的词组，将句子作了延宕，不直接将最重要的部分说出，为了体现这样的悬念，"you""I"和"we all"三个词组呈现时要不慌不忙，但"all"一词需重读，因其承担着对所有人呼吁的重任。

04 比赛感悟

与上一篇演讲稿所参加的比赛一样，这次比赛时长也是十分钟，我也同样晋级了决赛。作为一名初中生参加高中组的赛事，这应该说是比较好的成绩了。但现在回过头去看这两篇稿子，我发现它们都缺乏亮点。两篇稿子，虽然题材有一定新意，事例用得也算妥帖，语言也都通顺明晰，说理也透彻，逻辑也严紧，但总觉得缺少一点能让人精神为之一振的冲击力。这一点大概也是我虽然晋级决赛却并没有获得冠亚军的原因。这是我以后的演讲中需要提升的地方。

19. Darkness and Light

This has been an unusual year! This has been an unforgettable year! A year of a sickness. A year of floods. A year of chaos! A year of darkness! There's an unprecedented disease in the world. There're riots in America. There're floods in China.

Now, we are surrounded by darkness: medical darkness with a malady, natural darkness with global warming, social darkness with looting and killing, psychological darkness with no hope that pushes people to suicide...

In this world, countries are in conflict, people are struggling to survive the worsening environment... It seems darkness is winning the war after all... Or is it?

Martin Luther King says, "Only through darkness can we see light."

In this age of darkness, a lot of people are standing out. They are standing out to face the medical crisis for human beings. We have the daring doctors, great scientists, fabulous volunteers, and a lot of others like them! In any age of darkness, noble-minded and courageous people have stood out to face difficulties, to fight evils, to search for light for human beings. Light is always found in darkness! Take the dark Middle Ages of Europe for example. The darkness of the Middle Ages was, well, really dark. People were living in a world of ignorance, where not many people could truly possess the power of knowledge. There was the dark dictatorship of the Church, making it impossible for the expression and spread of knowledge, which was disapproved of by the Pontifex. Knowledge was forbidden by the tyranny of the rulers. Yet there were great minds who stood out to face the Church and express their scientific ideas, which were true, of course. It was these elites such as Copernicus and Bruno who brought forth the Renaissance and led the whole Europe to light. The laws of nature were first hidden in darkness, but countless brave scientists worked days and nights to discover the secret of science and revealed the laws of nature. Alexander Pope's epitaph for Issac Newton says: "Nature and nature's laws lay hid in night; God said 'Let Newton be' and all was light." People seek light in the age of darkness. The famous Helen Keller was known not only for her bravery and wits, but also, sadly, for her terrible misfortunes she went through when she was young. Helen Keller could not see nor hear, she was submerged in total darkness because of her disease, yet she survived, and made so many great achievements. She beat the darkness and found light in her own way! Like Helen Keller, many many others are out there, fighting their war against the force of darkness.

Darkness is nothing to fear. Only through darkness can we see light. Only through darkness can we see stars. If we have a heart that craves for light, light will come to us. I've had this experience. Once, Dad drove Mom and me into an unknown mountain area at night. When we came onto the top of another mountain, Dad suggested that we experience the surrounding darkness, and he killed the engine and turned off the lights. It was like we had been suddenly plunged into a sea of darkness and silence. Absolute darkness. Absolute silence. There was no sound in the dark mountains, and we could not see a thing. At first, I was really scared by the sudden darkness that surrounded us. But Dad pointed out that we should not just fear darkness, but that we should get used to the darkness, enjoy it, and find light in it.

So, following Dad's instructions, we looked up.

There, in the deep dark sky, countless bright stars were shining, just for us.

With this story, I would like to end my speech and with the famous lines by the poet Gu Cheng:

> The dark night gave me dark eyes,
> But I use them to search for light.

I am sure that our eyes, dark or not, black or blue, green or grey, will see through the darkness of the year 2020 and welcome in the light of 2021.

Thank you.

（681 词）

01 讲稿构思

这是我为 2020 年 8 月参加 NSDA 原创演讲全国总决赛撰写的演讲稿。2020 年，很特别。那一年似乎是黑暗的一年。面对黑暗，我们该怎么办？人人都在思考。这篇演讲就是我的思考。在黑暗之中，我们更应该寻找光明，正如顾城的诗所言。这篇演讲稿的阐述思路主要是对比。演讲以自己在无边黑暗中看到满天星斗的亲身体验和顾城“黑夜给了我黑色的眼睛，我却用它寻找光明。”的诗句结束，显得较为有力，给了最后的呼吁较强的逻辑依据。

02 遣词造句

这篇演讲稿在语言表达上经过了精心修饰与推敲，运用了较多的重复、比喻、头韵等修辞手法，比较突出的有以下几点：

1）平行结构的使用。演讲稿一开始就用了平行结构，第一段九个句子，接连运用了三种平行结构，使演讲具有较强的气势。其余部分也仍然大量穿插平行结构。

2）对比的应用。本篇演讲总体构思即基于黑暗与光明的对比。前三段用了一连串的平行结构，讲述整个世界似乎一片黑暗，没有了希望，但是，第三段最后一个短短的句子“Or is it?”，与前三段所述形成对比，将整个基调作了有力的反转。其他的对比有“Only through darkness can we see light.”“Light is always found in darkness!”“in the deep dark sky，countless bright stars were shining”等。

3）引用名人名言。本篇演讲引用了马丁·路德·金（Martin Luther King）的名言和顾城的诗句，引用这些名人名言，可以用较少的语言有力地说明复杂的道理，易于被听众接受。

4）诗句的应用。本篇演讲融入了亚历山大·蒲柏（Alexander Pope）与顾城的诗句，除了很好地说明道理以外，还丰富了语言节奏，并提升了演讲的听觉感受。

03 展示技巧

本篇演讲展示时需要特别注意以下三点：

1）突出气势。第一段密集运用三种平行结构，尤其是开头两句话用了两个感叹号；第二个平行结构包含四句话，前两句是事实的陈述，后两句是对这一年的定性，情感强烈，也用了感叹号。这一段的气势很强，特别是带感叹号的句子，一定要以强烈的语气来呈现。此段气势如果“垮塌”，则无法呈现整篇演讲对比的效果。

2）恰当呈现诗歌语言。本篇演讲引用了蒲柏与顾城的诗句，诗歌语言节奏分明、意境优美，呈现时一定要注意，而且语气上也要与其他部分作好区分。另外，两位诗人诗句的基调不同，不能用同一种语气呈现：顾城的诗句较为严肃，富于哲理；Pope 的诗句则较为幽默。

3）突出事例叙述的语言感觉对比。第六至第八段讲述自己的亲身体验，有黑暗与满天星斗的对比，要很好地呈现；第六段讲述陷入无边黑暗之中时的恐惧，要用一种低沉、略带颤抖的声音叙述；第八段讲述在黑暗深邃的夜空中看到星光灿然，要用一种压抑后的释放感、流畅舒展、豁然开朗的声调展现。

04 比赛感悟

我忘了自己这次比赛的名次。但无论名次如何，这篇经过精心打磨的稿子，其逻辑性和抒情性都很强，而且语言较为丰富，整体及局部的节奏把控都不错，应该是取得了很好效果。尤为重要的是，在 2020 年那样一个特殊的年份，传递“不失去希望，坚信在黑暗之中能够看到星光”这样的思想，不仅激励了听众，也激励了我自己，这大概正是本篇演讲最有价值的地方。

20. Boomers in Vain

This year, the corona virus pandemic hit humanity. The world has been struggling to survive COVID-19, but unfortunately there are not enough medical resources to give all the people proper treatment. So, people have to choose to give their medical resources to a certain group. It turned out that in most countries, the elder people are neglected and not given proper treatment or even a bed in the hospital! According to reports, doctors in Italy are no longer giving life-saving respirators to anyone over the age of sixty. This is the famous trolley problem all over again—under a limited amount of resources, people are choosing to save the younger generations. Older people are faced with a lot of difficulties in the corona virus pandemic. Younger generations are discriminating against the elders and, when some older people died because of lack of treatment, people started to call the corona virus "boomer remover" and they thought that we needed to get rid of the burdens of the society once and for all. Jeff the Leftist claimed on Twitter that we needed the corona virus to deter older turnout tremendously. People are making all sorts of statements like that despite the hardship elders are facing in today's society. According to reports, older people are even facing the problem of the lack of basic supplies for survival. They don't know how to use technology, and their basic education is bad, so they are regarded by the society as "useless" and a "burden" .

Technology is taking a great part in the society. However, because of the poor education elders received when they were young, they have a very small possibility to buy and learn how to use tech devices. This has caused the inconvenience of the living of elders and has caused the younger generations to discriminate them. Also, because of the lack of knowledge on technology, elders cannot help themselves during the corona virus pandemic. For example, in some countries, younger generations use the apps on phones to order food and daily living supplies. However, because of the lack of technology in elders' living areas, they are not able to buy food and supplies online. Elders are forced to go out and buy food and thus face the risk of getting the corona virus. Sometimes, because of the lack of resources outside, they cannot even buy food offline. Elders are highly harmed by their age, and by the discrimination from younger generations.

Ladies and gentlemen, elders are the minority and disadvantaged group in this society. With the aging situation, the problem to take care of elders cannot be neglected in today's society. I believe that we need to take care of our elders. It is not only the necessity in the society, but also our responsibility. Elders NEED to be taken care of.

First of all, we have the responsibility, the obligation to take care of elder people. Elder people are the people who raised us up, and since there would not be us without them, we have the obligation to benefit and care for them. Elder people had poor education, which determined their low knowledge level. Also, elder people live in crowded communities. For example, my grandparents never left the place where they were born. And the village they live in is crowded and there is not much supervision on the acts of the villagers. However, they are the people who raised us and who gave us the chance to live and speak in the society. If we are moral, we should be grateful to them. And if we are grateful, we should take care of them and make them happy.

Second, elders can give suggestions to younger generations and share with them the knowledge and experience they have gained during their life. Elders have been through a lot, especially crises. They may have very little experience in technology and development, but they have abundant knowledge in organization, governance and other areas of importance. They have knowledge and experience which is most important for us younger generations because we lack the experience that can only be gained through the hardship of life. They have paved a straight path for us to success so that we don't need to experience the hardship that they have been through.

Third, elders are the guide and the epitome of the younger generation. They have already created a path to success with their feet. This is very convenient for younger generations and therefore should be regarded as a benefit from the elders for the society. Younger generations need a path to success, which elders can grant them easily because of their experience.

Taking care of elders not only benefit them, but also benefits ourselves.

Ladies and gentlemen, think about it. When we ourselves grow old and become the "boomers" described by the younger generation, what will our situation be? We will be discriminated because of our age and lack of education. People will laugh at us during crises and only take care of themselves. Because of old age and lack of knowledge, we will be unable to access necessities of life. And if we are a bit more unlucky, our children may be unable or unwilling to help us. So, we will be left to die alone without proper care and medication. We will suddenly find out that this is actually the result of our ignorance of the situations of our parents.

However, if we sort out the situation today and give elders a better living environment, what will happen to us when we grow up? Even if we are still discriminated, at least we can enjoy the living conditions we have created. See, we CAN benefit ourselves by taking care of our elders, not only using their experience and knowledge of life, but also using the system of care we have created for them. Because once we become old, we will be able to still have good living conditions, even in the worst scenario, that is, even if old people are still discriminated.

So what can be the solution to this problem? There was a movie produced in 2015 called "Internship" . The movie is about a company hiring several elders for interns, and it turns out that they are quite useful with their experience in social interaction and organization, even though they are a bit behind on the technologies the company is using. In the movie, the elder internship helps the company a lot with his experience and helps the company to gain huge profits. Also, the elder internship uses his experience to help the CEO of the company to walk out of her stress and depression to earn the trust of the Governor and gain profit for the company.

The second solution will be a lot easier. Why old people don't receive enough care in today's world? Partly because of the poor living conditions, partly because social workers don't know the habits of elders. Social workers are supposed to take care of elders but often mess things up because they have no idea what elders would like to do at a certain time. However, these social workers can be replaced. We can let elders take care of themselves. Only elders themselves know their own living habits and only they themselves know how to take care of themselves. Thus, we can make a village of elders all taking care of each other. And this will not cost a lot of social resources!

Ladies and gentlemen, in this aging world, the issue of protecting elders from discrimination and taking care of them cannot be neglected. I believe that with the help of all of the people in the world, we can create a better society for elders!

Thank you.

（1,280 词）

这是我 2020 年 4 月参加 TOC 演讲赛的稿子。此篇演讲探讨了在人口老龄化与技术化社会中如何对待与照护老年人的问题，并提出了一些解决方案。这篇演讲稿同样经过几次修改，此处收入的“Boomers in Vain”是第一稿，尚未作细致打磨，不够精炼，但整体结构层次清晰，仍有可借鉴之处。经过修改后的定稿题为“Care for and Protect Our Most Vulnerable Members”，是最后参赛所用的稿子。将两篇稿子都放在这里，旨在展示两篇稿子修改的思路，给大家写稿与改稿提供一些参考。具体的分析见“Care for and Protect Our Most Vulnerable Members”稿后。

这两篇演讲稿本来都带参考文献列表，出于体例一致问题，演讲稿收入本书时删去了参考文献列表。有些演比赛，组委会会要求选手在赛前提交演讲稿，有的会要求演讲稿附参考文献列表（多数无此要求）。

21. Care for and Protect Our Most Vulnerable Members

This year, the corona virus pandemic hit humanity. And Harvard University President Lawrence Bacow said in his letter, “I believe that one measure of the justness of a society is how it treats its most vulnerable members.” Who are the most vulnerable members? Why are they the most vulnerable? Why should we treat them well and what can we do for them? These are the major concern of my speech today.

To start with, who are the most vulnerable? Under the worsening circumstance of the COVID-19 pandemic, there are groups of people who are vulnerable. Among them, one special group might have been neglected—the elder people.

Then, why are they the most vulnerable?

Firstly, they are the most vulnerable because of the famous trolley problem—with limited resources, people are choosing to save the younger generations.

The major explanation to the high fatality rate in Italy is attributed to the population age. According to a paper in JAMA, "In 2019, approximately 23% of the Italian population was aged 65 years or older." "Individuals aged 70 years or older represent 37.6% of cases." And according to Sky News, "the vast majority of those who have died, 87% were over 70."

So many people are struggling to survive COVID-19, but unfortunately there are not enough medical resources to give all people proper treatment. So, people have to choose to give their medical resources to a certain group or certain groups. And it turned out that in most countries, many elder people are neglected and not given proper treatment or even a bed in hospital! According to the reports, doctors in Italy are no longer giving life-saving respirators to anyone over the age of sixty.

Older people are regarded as "useless" or even a "burden" consciously or unconsciously by many. They are not properly treated. With the corona virus, when some older people die because of lack of treatment, people start to call corona "boomer remover" and they think that we need to get rid of the burdens of the society once and for all. People like Jeff the Leftist claimed on Twitter that we need the corona virus to deter older turnout tremendously.

Secondly, elders become the most vulnerable because they are unable to keep pace with the quick rhythm of the world's development.

Older people are regarded as "old-fashioned" or "stubborn to change" or even "eccentric to modern life" . The rapid development of technology to a certain degree has left them very limited space to keep up with the society. Their lack of proper education and their inexperience in the modern Internet world bring the older people many inconveniences. Take China for example, 496 million people do not use the Internet, 59.8% of them don't know how to use the Internet, and 19.5% cannot read or read well. So when people have to be isolated, for example, in China, we younger generations use the apps on phones to order food and daily living supplies. However, the elders, not familiar with apps, have to go out and buy food, risking their lives with the virus. Worse is that due to the lack of resources, they cannot even get enough food offline.

Now here comes the third part of my speech. Why should we treat the elder people well in our society?

Ladies and gentlemen, elders NEED to be taken care of. Though elders are the minority and disadvantaged group, they are indispensable to this society. It is not only the necessity, but also our responsibility, to take care of them.

First of all, undoubtedly, we have the obligation to take care of elder people. Who gives us life? Who raises us up? Who develops the world? Who paves the way? Who is the lighthouse? The older generation! If we are moral, then we should be grateful. And if we are grateful, then we should be aware of the obligation and take care of them.

Second, the older generation is definitely not useless. Instead, they are very useful. The 70-year-old Ben in the 2015 movie "The Intern" proves the value of older people. Elders have been through a lot, especially crises. Their experience in technology and development may have very little use in today's world, but their knowledge on organization, governance and certain areas of importance, their understanding and their philosophy of life, their ability to manage human relationships, are always valuable for whichever age group. They have the giants' shoulders that younger generations can stand upon.

Third, older generations are not a burden. On the contrary, they are the hope of life. They make human life complete. A good life when old is the expectation of every day's hard work. Having good care when old is the assurance and promise for the younger generation.

Is it urgent to come up with solutions? Indeed, it is. In Shanghai, one third of the people registered are above the age of 65. In China, 15.4% people are above 65 and by the end of 2033, the percentage will surpass 20%. Now we come to the final question: how to protect and what can we do for this special vulnerable group of human beings?

Firstly, the world should provide them with proper health care. In China, a mode of "Internet + medical service" has been applied and is expected to cover 30% of the old generation. But problems still exist. We would strongly recommend cell-phone manufacturers to produce smart phones that are old people-friendly. They must have big screens, big texts, and big smart touch keys. Big enough for my far-sighted grandma to use with her clumsy fingers.

Secondly, the world should enhance the training of social workers especially for elders. Liu Yiqiang in Beijing has proposed a system to train social workers for the aged. We can appeal to universities and colleges and vocational communities to set up special programs to train social workers. For this, the benefits of social workers for elders should be given priority and attention.

Thirdly, the development of intellectual appliances for the elder generation can be helpful. How about developing domestic robot social workers? What about installing intelligent house systems for the aged? So that, probably, one button could allow them to see the world and allow the world to see them as well.

Ladies and gentlemen, in the aging world, we should not neglect the old generation. We should care for them. We should protect them. I believe that with the help of all of the people in the world, we can create a better society for elders! Many people in many countries have already started this job. What about us?

Thank you.

（1,088 词）

01 讲稿构思

稿子是在新冠疫情背景下写的，谈的是疫情期间老年人面临的问题。第一稿（“Boomers in Vain”）以疫情下老年人的艰难境况开篇，然后提出关心照护老年人是社会之必需，也是我们的责任，接着阐述照顾好老年人对我们自己的益处，最后提出让老年人参与工作与管理、建立老人村这两个解决方案。修改稿（“Care for and Protect Our Most Vulnerable Members”）开头用哈佛大学校长的话引出演讲主题，然后用三个修辞性问句交代演讲的主要内容，确定了架构。整篇演讲按此架构展开：先简单介绍老年人是最脆弱的群体，然后较为详细地解释他们脆弱的原因，并阐述为何应善待老年人，最后提出善待老年人的方法，即提供合适的科技与医疗、加强对社会工作者的培训、开发老年人适用的智能产品。总体上两稿架构差不多，思路也都还清晰，但修改稿一开头就以三个问句说明整篇演讲的架构，对于这样较长的演讲而言，无疑更清晰。而且，修改稿较多地使用了主题句（topic sentences——此篇演讲中有不少主题句系以段落形式出现，如第三、四、八段等），使话题清晰。

从标题看，修改稿也明显好于第一稿。“Boomers in Vain”意义不清晰，不清楚演讲稿想要传达什么信息；而“Care for and Protect Our Most Vulnerable Members”则一目了然，听众马上就明白这篇演讲的主题与核心论点（motion）是什么。

02 遣词造句

逻辑上，第一稿有一些阐述不够严紧。如第六段说老年人可以为年轻一代提供指引，是年轻一代的缩影，而说明这一点理由的却是老年人已经获得了成功、老年人有经验，可以很容易给年轻人成功引导，显得牵强。第八段说：“When we ourselves grow old and become the ‘boomers’ described by the younger generation, what will our situation be? We will be discriminated because of our age and lack of education. People will laugh at us during crises and only take care of themselves.”逻辑上也有问题。

语言上，修改稿也优于第一稿。第一稿有一些与主题无关或关系不大的语句，如第四段的“there is not much supervision on the acts of the villagers”；有一些语言显得刺耳，如第一段的“Younger generations are discriminating against the elders”，又如第四段的“elders are regarded as stupid and weak, and there is a good reason for that”——虽然不是演讲者的核心观点，但在演讲中可能会引起听众的反感。第一稿语言不够精练，存在较多重复表达（车轱辘话），如第十段说老年实习生“helps the company to gain huge profits”，紧接着下一句又说他“uses his experience to help the CEO of the company to...gain profit for the company”。甚至用词的准确性也不高，如将“intern”与“internship”混为一谈。

修改稿比第一稿更为准确、具体、精炼。以谈到电影 *The Intern* 的部分为例：第一稿中电影名用的是“Internship”，第二稿经过查证，更正为“The Intern”，用的是准确的片名；介绍电影内容时，第一稿比较笼统，而第二稿则用了人物名字，更为形象具体；介绍电影总体内容时，第一稿用了 108 个单词，第二稿则浓缩为 15 个词的一句话：“The 70-year-old Ben in the 2015 movie

'The Intern' proves the value of older people." 这句话更为精炼，并且将主要笔墨用在阐述电影所要说明的道理上，分配更为合理。

修改稿在文采上也比第一稿要出色得多。如第十六段 "Big enough for my far-sighted grandma to use with her clumsy fingers." 饱含柔情的幽默，第十八段 "one button could allow them to see the world and allow the world to see them as well" 句中所含的夸张以及虚实结合等，都是第一稿所欠缺的。而第一稿中较好的语言表达，修改稿中基本上都保留了。文采的提升即使单从演讲结尾来看，也很清楚：第一稿最后一段虽然意思清楚，但语言平淡，缺少感染力；修改稿最后一段则用了平行结构、重复等，而且都很有效，尤其是最后一句 "What about us?" 修辞性问句，使听众返顾自身，问完后整篇演讲戛然而止，似乎有点余音袅袅的味道，使演讲主题更为深入，也更有力，更能发人深省。

修改稿对文献的使用也明显比第一稿更充分、更有效。

03 展示技巧

修改稿质量明显高于第一稿，这也有助于展示效果的提升。以演讲结尾为例：第一稿无论如何努力，因为"底片"不是很出色，终究有力不从心之感；而修改稿则因为在语言上作了较大改进，呈现时有较大的施展空间，可以取得较好的效果。

04 比赛感悟

这两篇稿子，我其实都不大满意，即使是修改稿，也还有许多许多地方不够完善。不太满意，主要有三个原因：1）当时在准备时，时间比较仓促，没有很深入细致地去思考；2）写长演讲稿经验不足，写作时生怕内容与词数不够，凑不满十分钟，所以语言存在较多重复拖沓；3）关怀老年人这个话题，在疫情背景下尤其有特别的意义，但对老年人的话题，我自己其实并不很了解，临时抱佛脚式的文献梳理，得到的是一些零散的信息，但很难深入理解，更难产生感同身受的共情，所以写起稿子来也很难有切身体会，显得肤浅，难以打动人。

从这次演讲中得到的教训是：1）话题好不一定能写好讲好。一篇好的演讲，往往基于自己有深刻体会和感受的内容，所以要想演讲效果好，一定要选择自己有切身体会的话题。2）一定要有深入细致的思考。思考应包括话题内容、演讲架构、遣词用语等各个方面，待考虑成熟了再动笔写稿。所以，时间安排很重要。3）一篇演讲，十分钟已经很长，但这十分钟也不够将所有想到的东西都往里塞，材料上要有所取舍，总体架构上以简明为上，不能过于复杂。希望我的这些教训也能给大家带来一点启发。

22. I Want to Sleep

"Get up! Get up! Bobby! It's six o'clock now." Oh, no. I dragged my hand out of my cozy and comfortable duvet and stuck out three fingers, which means "Can I sleep three more minutes, please?" Mother stopped and, after what seemed to be only one second, started again, "Get up! Three minutes's gone."

How many of you have had such an experience? How many of you need more and better sleep? Early this year, the Chinese Sleep Research Society revealed that more than 300 million people in China have trouble in sleep, that more than three quarters of them fall asleep after 11 p.m., and that nearly one third of them don't go to sleep until after 1 a.m. It immediately became a trending hashtag. We all want more sleep. We all want better sleep. This is what I am going to talk about today. We have to know who lack sleep and why they lack it and only then can we, hopefully, come up with solutions.

The first group who lack sleep are certainly hard-working bread-earners and future-makers. In 2016, the Internet company 58 was reported to have implemented a 996 working system, which means working from 9 a.m. to 9 p.m. six days a week. Much has been discussed about this. Many people call it "overwork" and complain about "not enough time for rest" , etc. These are bread-earners. Then look at how long students, especially high school students, study? Not 996. We work 6-11-7. We study from 6 a.m. till 11 p.m., seven days a week, no weekend, no holiday, nothing. We work for an offer from a desirable university, for the expectation of our parents and teachers and of ourselves, for a future expected to be promising. So, every day, we have to allow ourselves to sleep only less than 7 hours. Medical experts declare that adolescents need about 9 hours' sleep. But for us, a good night's sleep of 8 hours is a luxury. We are the future-makers.

The second group who don't have enough sleep are those who have night shifts. International businessmen doing business with the other side of the world have to stay up. International students having online courses in the COVID-19 pandemic who don't want to miss discussions with their professors and classmates have to study in the late evening and early morning. Workers at 24-hour convenience stores, gas stations, and bars have to work through the darkness. Security guards, policemen, nurses and doctors, taxi-drivers stay alert all evening. You might say they can sleep in day time. But is sleep in day time the same as sleep in the night? Nature is awake in the day. How can you guarantee your sleep quality?

Some people lack sleep because they suffer from insomnia, meaning sleep disorder. Data shows that 45.4% of Chinese people have experienced different degrees of insomnia and the prevalence will gradually increase with the increase of age! Age is one reason. What about sex? A study found that among insomnia sufferers, the proportion of female patients far exceeds that of male patients. Sleep disorder discriminates against women! Unbelievable. But it is true, for women have to experience periods every month, pregnancy once or twice, and also menopause. All these lead to the imbalance of sex hormones, and eventually to insomnia. It will even be worse with one or two crying babies. My mother said she hadn't had a whole night's sleep until I was three years old when she couldn't suffer any more and so kicked me out into my own room. I am sorry, Mom. I had woken you up by my crying for food, for warmth, for soothing after nightmares. When I have a baby in the future, I will take up part of the night work so that my wife can have a good sleep.

The last group is called night owls or sleep procrastinators. A new study by Sungshin Women's University in Seoul shows that people who procrastinate in sleep engage in more leisure and social activities. They pursue and prefer nightlife. Their life starts only before they go to bed. Movies, games, TikTok, WeChat ... Every young man and woman who stays up late has a very sober reason. In the name of "relaxation" and "compensation" , some young people choose to stay up until the last moment. Smart phones are the foremost to blame. Researchers point out that procrastinators spent 4.5 times more time on smartphones as they got closer to their bedtime.

No one doubts the harm of sleep shortage and sleep disorder. In 2017, the Nobel Prize in Physiology and Medicine went to three American scientists for "deeply studying our biological clock" . They call on us to follow our biological clock and get enough sleep, for our internal biological clock profoundly affects our sleep which affects our behavior and health. Long-term sleep shortage or sleep disorders not only cause psychological damage, but also induce a variety of physiological diseases, such as hypertension, heart disease, and cancer. As early as 2007, the WHO International Agency for Research on Cancer classified staying up late as a class 2A carcinogen.

How can we save ourselves from sleep shortage or sleep disorder? There are many suggestions. I would like to present the following three tips.

Tip No. 1: Read before sleep. Sleep Junkie, a sleep product review website, published a survey on sleep habits and bedtime. They interviewed more than 2,300 people and found only 64% of the people who didn't read before going to bed were satisfied with their sleep quality, while 76% of the people who did were satisfied. People who read before going to bed sleep an hour and 37 minutes more than those who don't. So, put down your phone, find a comfortable position, and get a good book.

Tip No. 2: Make up when you stay up. Taking a compound vitamin B pill before staying up late can relieve fatigue and enhance human immunity. After staying up late, take a nap at noon the next day, which can help relieve the degree of physical fatigue, have breakfast to ensure energy intake and also improve your mood and cognitive ability.

In the end, I wish all of us here a good night's sleep, at least today. Thank you.

（1,003 词）

01 讲稿构思

这是我参加 2021 年 NSDA 杭州赛区高中组原创演讲比赛的演讲稿，演讲时长同样为十分钟。这篇演讲讨论的是普遍存在的睡眠缺乏的问题，并为解决这一问题提出了几个小贴士。演讲的主要架构由第二段最后一句话概括，即分为三个部分：哪些人缺睡眠、为什么缺睡眠、如何解决缺睡眠的问题。本篇演讲注重运用数据与证据，当然也尽量注意使用活泼幽默的语言。演讲采用了一个场景式开头——虽然并非故事（却是我生活中经常真实发生的）——以营造较强的画面感。

02 遣词造句

本篇演讲的语言风格与我多数的演讲类似，也用了较多的平行结构、修辞性问句等手法。此外，还有以下几个较为突出的方面：

1）注重语言的丰富性。本篇演讲有意识变换词汇的地方较多，如第四段讲述夜间工作和学习，就使用了“have night shifts”“have to stay up”“have to study in the late evening and early morning”“have to work through the darkness”和“stay alert all evening”。这些同义或近义词组的使用，不仅避免了语言单调，还从不同的角度丰富了同一个主题。

2）注意使用幽默。在前面其他演讲稿的分析中，已经提到过幽默的作用。本篇演讲稿中第五段的“Sleep disorder discriminates against women!”和“kicked me out into my own room”就成功运用了幽默。

3）插入与现场听众的直接互动。演讲中多数与听众的互动是以问题形式进行的，但本篇演讲第五段讲到母亲生养我时没有能够好好睡过觉，紧接着来了一句“I am sorry，Mom.”，这是与在现场的母亲直接对话，但从演讲效果来讲，更是对听众注意力的一种调节，使他们从演讲这种相对较远、较虚的活动中跳出，关注自己身边较近、较实的“现场”，使演讲更有亲和力。

4）双关的使用。我的演讲中偶尔也有使用双关（pun）这种修辞手法的地方。本篇演讲稿第六段说熬夜不睡觉的人“has a very sober reason”，其中的“sober”一词，既指“理由很足”，又指“清醒不睡”。双关的运用，丰富了语言层次，增加了趣味性，更能吸引听众。

03 展示技巧

本篇演讲在展示时，说理部分需要清晰，关键数据要准确。此外，还有以下四点需要注意：

1）开头部分的场景描述要富有戏剧性，语气可以略微轻松、夸张。第五段讲述母亲养我无法睡觉时，也可以用略带夸张的语气呈现。

2）第五段对母亲说“I am sorry，Mom.”时，眼睛要看着她的方向，同时可以做个手势，将听众的注意力引导到她身上，让听众的视线随着演讲者的目光和手势移动。

3）幽默语言要有幽默感。第五段的“Sleep disorder discriminates against women!”和“kicked me out into my own room”语气要夸张，“kicked”一词应强读。

4）双关处要强读。第六段“has a very sober reason”中的“sober”一词，应重读并适当拖长发音，将其与其他词语加以区别，以暗示其所含有的特殊意义。

04 比赛感悟

这篇十分钟的演讲较好地融合了说理性与趣味性，数据证据与叙述性描述、说理阐述也结合得较为得当，语言上也有较好的打磨，呈现效果良好。之所以能取得较好的效果，主要得益于两点：一是我对这个话题有自己的深刻体会，前期也做了较多的功课，在撰写演讲稿之前就做到了心里有底；二是在撰写这篇演讲稿时，没有急于填满十分钟的无力感，因此语言比较精炼，层次比较清晰，节奏把控比较好。最终，这次比赛我荣获冠军。

三、闪耀

1. Saving Food, Saving the World

September the 29th is special. Why? It is the International Day of Awareness of Food Loss and Waste designated by the United Nations in 2019, calling upon all common human beings to fight food shortage.

I'm not talking about something we should consider in the future. I'm talking about something that we must be doing now. The topic for this speech is "Saving Food, Saving the World", not "Save Food, Save the World". The present continuous tense, the -ing form of the verb "save", rightly acknowledges that the dangers for humanity in food shortage are both very present and will be continuous unless we take action now.

Fighting against food shortage is a battle in which all of us must continue contributing our effort.

When my aunt feeds her baby daughter, chanting "Who knows that on the dining plate, Every single grain means hardship.", she's passing onto the next generation the fundamental Chinese culture of saving food.

When my grandpa puts left-overs in the fridge and refuses to throw away one grain of rice, he's showing us how to save food.

When our local governments start the "clear-your-plate" campaign and put slogans everywhere, they're saving their citizens by saving food.

When China introduced the Belt and Road Initiative, donating food and sending experts to help with the world's agricultural development, our country is making an unparalleled contribution to saving the world.

So you see, the UN, China, and millions of Chinese people, are already taking action. Will you not join us?

Thank you.

(253 词)

01 讲稿构思

2021 年，我参加了第 19 届中国日报社“21 世纪 · 学而思杯”中学生英语演讲大会。由于疫情原因，这次比赛线上线下同步进行，先是省赛 / 网络选区赛，从中选拔优胜者进入国赛。我参加的是网络选区赛，先是录制视频参加初赛，然后是参加在上海落地举行的选区决选，决选胜出才参加全国决赛。全国决赛我选择的也是线上比赛。本篇即我参加网络选区赛的演讲稿，题目系由组委会给定。

本篇演讲聚焦世界粮食问题，但在大话题中注重细微的个人行为。题目中有两个“saving”，稿子先从这个词的构成入手，说明当前必须采取的节约粮食的行动。演讲稿引用了中国古代诗歌，运用了平行结构，并将节约粮食行动的主体从个人延展至国家，最终升华至全球层面，循序递进。

网络选区决选赛中，我演讲部分表现良好，但问题回答环节发挥欠佳，最终获得亚军。

02 遣词造句

本篇演讲所给定的时间是两分钟，篇幅较短小，因此特别注重语言精炼，尽量在较少的语言中融入丰富的思想。在语言处理上，本篇演讲有以下几个比较突出的地方：

1）独特的视角。演讲从“saving”一词的构成切入，因词制宜，区分了它与“save”的不同，着重强调节约粮食是当下刻不容缓的行动。整篇演讲也紧紧围绕“save”的 -ing 形式做文章，无论是阿姨和外公所做的事情，还是中国政府与联合国的政策，全都落实在现在进行时上（“she’s passing...”“he’s showing...”“they’re saving...”“our country is making...”“the UN，China，and millions of Chinese people，are already taking action”），结构上显得非常紧凑。

2）平行结构的使用。除了细部的一些平行结构外，演讲稿最主要的平行结构使用是在第四至第七段。这四段结构相同，层层推进，一层高过一层，很好地突出了主题。

3）递升法的使用。前面分析其他演讲稿时已经提到递升法这种修辞手法。本篇演讲稿第四至第七段使用的就是这一手法，使演讲循序推进，视角逐渐宏大，直至第八段归结到联合国、中国和亿万中国人民身上，体现了从个人做起却胸怀全球的精神。

4）说理与抒情的结合。第四至第七段讲述个人和国家在节约粮食方面的行动，核心是说理，但全用抒情的笔调呈现，是说理与抒情的结合，能更好引起听众的共鸣。

03 展示技巧

本篇演讲展示时需要特别注意以下几点：

1）“saving”与“save”的区别要在展示中突出，具体做法可以是将“v-ing”强读。

2）第四至第七段全部由平行结构构成，又因为用了递升法，因此在展示时声调要逐渐高昂，体现一层比一层宏大的感觉。但要注意把握好度，声调不要“过”了。

3）第四至第七段是说理与抒情的结合，所要阐述的理念，全部融入抒情语言之中，因此要用抒情的语调呈现。

4）第四段阿姨给孩子念诗的部分，应以柔情、亲切的语调呈现。其中“谁知盘中餐，粒粒皆辛苦”两句古诗的译文，每一行均是四个音步，展示时要很好呈现诗歌节奏。

04 比赛感悟

网络选区赛初赛采用录制视频参赛的方式。录制视频，除常规演讲需注意的那些方面外，还需注意灯光、环境等，以给评委留下良好印象。我录制视频时，缺乏调灯光的经验，只是简单使用了几盏灯，从不同角度照过来。但在背景选取上有所考虑：我的背景是家中客厅的书柜墙，书柜里的书虽然摆放有点乱，但以整面书柜墙作为背景，总体上还是比较好看的。最后决赛时我也同样采用这个背景。

网络选区决赛问题回答环节之所以发挥不佳，主要因为我过于局限于演讲内容，将回答与演讲内容结合过于紧密，没能拓展更开阔的视野。

这篇演讲稿的写作，我吸取了“希望之星”四强总冠军争夺赛的教训，立意格局比较宏大，这切合组委会所给题目中关注世界、拯救世界的宏大主题，同时又着眼小处、立足个人，使宏大的主题不至于空泛。高远与实际结合，宏大与具体结合，是演讲中所应该尽力达成的目标。

2. *The Promise of Youth*

The most promising kid in my neighborhood went to Congo, a country where Ebola killed over 2,000 people. He joined a Harvard project to help the people there. Many people felt sorry for him. His mother commented, "We give him the best education. We hope HE will have a better life in future. But HE wants a better life for the WHOLE mankind."

This, I think, is the promise of youth.

The youth in contemporary China, in this prosperous country, enjoy a much better life than ever before. Sadly, some of us choose the very passive life style of "lying down" , a horizontal L. But my young neighbor is different.

As a medical student, he has been devoted to studying and learning, taking in every bit of knowledge. In the midst of so many voices upon his decision to go to Congo, he listened to his own heart. He is leading our neighborhood. He is leading today's youth.

We see in him not "lying down" , not that horizontal L. We see in him three other L's—learning, listening, and leading.

Learning is to understand, to refine, and to create. Listening is to appreciate, to reflect, and to inherit. Leading is to realize our potential and make a promise.

Today's youth should answer Liang Qichao's call of "Strong youth make a strong country" . Today's youth should answer the call of our country to develop a human community with a shared future.

Learn, listen, and lead! Never lie down! Create a better life for the whole mankind! This is the promise of youth.

Thank you!

（262 词）

01 讲稿构思

我在第 19 届中国日报社“21 世纪・学而思杯”中学生英语演讲大会网络选区决选中获得亚军，进入国赛，本篇即为参加国赛的演讲稿。

国赛线上线下同时进行，线下赛在长沙举行。由于新冠疫情原因，我选择了线上参赛。国赛给定的题目是“The Promise of Youth”。我继续努力以宏大的视角来呈现中国新时代青少年的情怀，目光不但放在身边，而且放眼整个世界与人类。演讲稿的主要架构是定义“the promise of youth”。演讲以故事开篇。当时，“躺平”一词很热，我在稿中对此做了评论，并用“lying down”这一英文词组的首字母“L”（用了大写，仿佛该词是一个专有名词，以加强其意义，并方便引出后面的三个“L”）引出“学习”（“learn”）、“倾听”（“listen”）、“引领”（“lead”）三个“L”，最后提出年轻一代的承诺，即为全人类创造更好的生活。稿子层次清晰，衔接紧密，并有较强的感染力。

02 遣词造句

两分钟的演讲需高度紧凑，因此语言必须精炼，结构必须清晰，同时一定要有一个比较突出的吸引人的亮点。本篇演讲稿主要是从“lying down”中的字母“L”出发，引出其他三个正面的“L”，作为支撑全篇演讲的关键骨架。除此以外，演讲稿在语言方面还有以下几个比较实用的技巧：

1）形象化。演讲稿将“躺平”中的“L”解释为“horizontal L”（“横倒的 L”），使这个抽象的词组有了一个具体的形象，更为生动。

2）头韵的使用。由“躺平”的“L”引出的“learning”“listening”“leading”三个词均以“l”开头，构成头韵，声音上的效果促进了听众对三个词意义的深入思考，而且，这三个词贯穿演讲的后半部分，成为整篇演讲的最重要内容。

3）递升法的使用。“learning”“listening”“leading”三个词在重要性上由低到高，逐级提升，直到最高的“leading”，成为“the promise of youth”中最突出的部分。

4）对语的使用。第五段简单的两句话，采用的是对语的手法，使“learning”“listening”“leading”三个词更为突出。

5）平行结构的使用。第六段是对“learning”“listening”“leading”的定义，三个句子结构相同，意义指向一致，语言紧凑，思想清晰。

6）对比。演讲稿开头的故事将邻居孩子父母对他的期望和他对自己的规划并置，构成强烈的反差，突出了新一代青年的远大志向。

03 展示技巧

总体而言，本篇演讲的展示与其他演讲没有太大区别，主要需注意以下几点：

1）强调的词语一定要重读，尤其是第一段中特意使用全部大写字母的那几个词，一定要清晰、有力，以突出邻居孩子自身志向与其父母期望之间的对比。

2）故事的呈现要尽量生动，邻居母亲的口气要能很好地模拟出来，既要有一种无奈，同时还要含有骄傲的意味。

3）语气要体现对比，平静与高昂两种语气要清晰区分。如第二段仅短短一句，可以以较缓慢的解释性口吻，用分明的节奏说出，与第一段故事的呈现形成一种文体与风格上的对比。又如第八段，前三句可以较为高昂，最后一句“This is the promise of youth.”声调可以略为放低，语速略为放慢，情绪略为平静，可以收到更好的对比效果，反而更突出“the promise of youth”这一主题。

4）本篇演讲格调较高，展示时要以开阔、宏大的情绪基调来呈现。

04 比赛感悟

这次比赛，我吸取了“希望之星”总冠军争夺赛的教训，努力将宏大的主旨与具体可行的细节相结合，体现中国新时代青少年的情怀。

这次比赛线上线下同时进行，因疫情的原因，我选择的是线上比赛，最后获得初中组全国总决赛亚军。这次比赛的冠军获得者参加的是线下比赛。线上线下参赛各有利弊，但总体而言，如果不是对自己的舞台呈现效果没有信心，线下比赛给人的亲和力要大大超过线上。所以，如果可能，这一类比赛尽量线下参加。

本次比赛的演讲稿被选登在《21世纪英文报》上，其中蕴含的人文关怀与奉献精神得到好评。

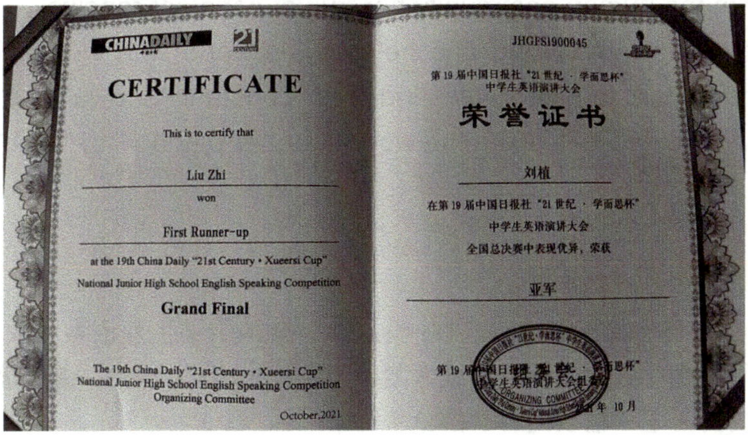

3. Constant Renewal

How long does it take to look up a word in a dictionary? Two minutes for my teacher with a paper dictionary in 1980s. For my cousin with an electronic dictionary in the first decade of this century, one minute. Today, for me, with a portable scanning pen translator, only two seconds! This is change, this is innovation, this is the fruit of constant renewal.

Constant renewal is the continual process of making new. It is about constant learning and innovating—learning new things to be part of the world and creating new things to give back to the world.

Ever since ancient times, especially since the 19th century, the Chinese people have been learning new things, from languages to technologies, from mathematics to philosophy. Since the country started its reform and opening-up in late 1970s, we have been absorbing even more new concepts, technologies, and management styles from all over the world. Constant renewal has brought our country into a new era of joining the world and becoming one of its important members.

Meanwhile, we have also always been innovating. With constant renewal, this country was the inventor of papermaking, gunpowder, printing, and the compass. With constant renewal, this country is the leader in high-speed railway, 5G technology, ultra-high voltage power transmission, quantum communication, the artificial sun, etc. And she is sharing with the human community her fruit of constant renewal.

Learning from the world and helping the world with innovations, that is the core of constant renewal. And, with constant renewal, our country, together with others, will make the world a better place.

（264 词）

01 讲稿构思

2024 年，我参加了第 20 届“外研社杯”全国中学生外语素养大赛，获得全国总冠军。比赛分为基础赛、地区复赛/决赛和全国总决赛。基础赛为笔试，其他均以演讲为主，辅以问答、辩论等环节。

本篇为我参加地区复赛的演讲稿。地区复赛演讲以录制视频的形式进行，视频时长为 2 分钟。给定的题目是“Constant Renewal”，可译作“日新”，应取自《礼记·大学》的“苟日新，日日新，又日新”。演讲稿以词典的演进切入，首先为“constant renewal”下定义，提出其核心是不断地学习与创新，然后立足世界层面，从学习新知识、推动创新、分享创新成果三个层面阐述“constant renewal”，最终阐明中国愿与其他国家一道，通过永续的学习和创新，使世界变得更加美好。

02 遣词造句

本篇演讲稿主要阐释“constant renewal”的概念，以此出发说明中国与世界共同进步的理念与事实。演讲稿语言力求明晰、准确、凝练，在技巧运用上主要有以下几点：

1）对比的使用。第一段对比三个不同时代的词典使用时间，说明这是“constant renewal”的结果。第三段谈中国向世界学习和第四段谈中国与世界分享自己“constant renewal”的创新成果，是向内与向外的对比。

2）重复的使用。本篇演讲最突出的重复手法就是“constant renewal”这一概念的不断重复，使整篇演讲紧紧围绕主题，并通过对不同时代、不同方式的学习、创新与分享的阐述，使主题不断明晰和升华。其他重复结构还有“With constant renewal”等。

3）平行结构的使用。第三段的前两句使用平行结构，突出说明中国在过去和现在一直都在不断学习；第四段的第二与第三句使用平行结构，突出说明中国过去和现在一直都在不断创新；最后一段开头的“Learning from the world and helping the world with innovations”这一平行结构，则进一步阐明并总结“constant renewal”这一概念。

4）对语的使用。第一段就通过“for my teacher...”“For my cousin...”“for me...”这三个结构相同但意义指向不同的句子，突出时代的发展，阐明“constant renewal”带给人类的好处。

5）事实论据（facts）的运用。本篇演讲稿使用了大量的事实信息，尤其是第四段谈我国的创新，不仅提到了古代四大发明，更着重提到了高铁、5G、特高压输电（UHV）、量子通信等我国现代科学技术的创新，使说理性的探讨落到具体的事例上，拉近了演讲主题与听众之间的距离。

03 展示技巧

本篇演讲展示时有以下五点技巧需要特别加以注意：

1）第一段以设问句开始。设问句是与听众形成互动、拉近距离的一个好方法。展示时，这个设问句可用略为平缓、亲和的语调呈现，设问句后停顿可略长，给听众在心里作答的时间。设问句后的三个句子以实际事例作答，可以用略带叙述意味的口气呈现。

2）第四段与第五段都有两个放在句首的“And”。在英语中，“and”放在句首，并非表示简单的并列，而是有递进、强调、对比、转折等特殊意味。因此，这两个“And”需要强读，以突出这种意味。

3）平行结构要以相近的节奏呈现，以使听众注意到这种特殊性。

4）第四段列举我国的创新成果，演讲者在呈现时要吐字清晰、语义连贯，同时还要注意各列举项之间适当停顿。

5）最后一句，中间插入了三个短语，类似于圆周句，目的是强调末尾的“will make the world a better place”。在展示时，这三个短语可略放慢语速，随后在说出“better place”这一词组时应加重语气，突出“constant renewal”的终极目标，使演讲在结束时给人深刻的印象。

04 比赛感悟

这次比赛的地区赛以录制并提交 2 分钟的演讲视频的形式进行。本篇演讲稿篇幅较长，共 264 词，需在 2 分钟内讲完，有一定难度，因此特别要注意语速的把控。而语速不单纯是一般意义上的“快”，而是要特别注意连读、省音等技巧，做到实际语速快而不能让听众觉得“快”，虽然快却要自如、从容、不疾不徐。这需要在平时有较多训练。另外，录制视频时，一定要有面对观众演讲的感觉，不能有“机器”感，尤其是目光，要自然看着镜头，不能过高，也不能过低，让观看视频的人产生看着演讲者的感觉。这项技巧也需要在平时多加训练。我因为参加过较多的线上演讲和辩论赛，有过一些经验，视频录制比较顺利，效果也还不错。总之，无论是线上、线下还是录制视频的比赛，都需要多多参加，积累经验。

这篇演讲在国家与世界的层面上谈“日新”，构思时心中秉持的实为人类命运共同体理念，站位较高。参加高级别的比赛，一定要有高的站位和宏大的主旨。

4. Painting in Colours

My grandfather passed away when I was only ten months old. I have no memory of him. But last year, he came back to life right before me. My Dad took me to some rural areas in my province and there I met my grandfather through the wall paintings he created. My grandfather was a painter. He helped the villages record their life and history—in colours and shapes.

History has colours and shapes. History is a painting that tells a story. That's why it is expressive and impressive. History impresses us with all the great stories of earlier generations, each of them having a unique colour and shape, making history a marvelous painting. History also informs, inspires and invites OUR generation to add OUR colours and shapes to make this great painting even greater.

The colours and shapes of history accord with what Thomas Carlyle said, "The history of the world is the biography of the great man." In the painting of history, we can see many great men adding colours and shapes. In 1960s, a great man, Martin Luther King, painted a multi-coloured vision. In 1979, a great man, Deng Xiaoping, "drew a circle". In 2013, another great man, Xi Jinping, "painted a belt and a road".

Colours are also added by common people like my grandfather. They are everywhere, adding THEIR colours in the visualization of history. In disaster-stricken areas, we see rescue teams in green and orange. During the pandemic, we saw medical teams in white and pink. In the Asian Games, we saw volunteer teams in various vibrant colours. Not everyone of our generation can be a great painter, but we, millions of common people, are adding OUR colours to create the grand visualization: the painting of history.

According to Karl Marx, "History is nothing but the activity of men in pursuit of their ends." Then what is the end that my grandfather pursued and we pursue? The Chinese dream. Our dream.

The future of China is a canvas inviting OUR colours. We the younger generation LISTEN to the stories of great men, LEARN from their colours and shapes and will LEAD future generations. AND, we have colours and shapes, too. We the younger generation shall paint the colourful future of China. We the younger generation shall paint and realize the Chinese Dream.

Let's add our colours and shapes to this great painting, China.

Thank you.

（405 词）

01 讲稿构思

这是我参加第 20 届“外研社杯”全国中学生外语素养大赛地区决赛和国赛初赛的演讲稿。演讲设定的题目为“Painting in Colours”，官方的解释是“丹青”。演讲稿从自己的家族史入手，将普通个人的经历与国家进步相结合，将历史比作丹青画卷，紧扣题目，注重画卷中色彩及其象征意义的呈现，阐述了“普通人亦是历史的创造者”这一理念，并号召年轻一代描绘美好的中国梦图卷。

02 遣词造句

本篇演讲稿注重语言的生动性，开头用了爷爷的个人经历，全篇运用了较多的比喻、平行结构、重复、头韵、转喻等修辞手法：

1）比喻。本篇演讲将历史比作一幅画卷，然后将伟人与普通人对历史和社会的贡献比作在这幅画卷上增添的笔墨，这一比喻贯穿全篇，成为演讲的主要架构。

2）平行结构。第三段讲述三个伟人在人类历史画卷中所做的贡献，使用了平行结构。第四段的第三、四、五句，以平行结构描绘普通人在历史画卷上增添的鲜明色彩。第六段最后两句的平行结构，突出强调年轻一代为中国的未来、为实现中国梦所负有的使命。

3）重复。第二段对“history”的重复，解释并强调历史这一主题，并使听众对这一主题加以特别的关注。第五段最后两句中“dream”的重复，很好地突出了“中国梦、我们的梦”的概念，强调了我们在历史中所做贡献的目的。此外，全篇各段对“colour”的重复，以及第二、三段对“colours and shapes”的重复，不断地突出主题关键词，是主题的重奏。第六段对“We the younger generation”的重复，则强化了年轻一代的责任和使命。

4）头韵。第二段的“informs, inspires and invites”，第六段的“LISTEN”“LEARN”“LEAD”，都用了头韵的手法，增强了演讲给人的听觉愉悦感。

5）转喻（metonymy）：转喻也称借喻，是指不直接指称一样事物，而使用另一个与之有紧密关系的事物来代指的修辞手法，如用该事物的特征、功能等来指代该事物或用某一事物来指代该事物的特征、功能等。第四段用不同的颜色指代不同的人所穿着的不同颜色的服装，就是转喻。这一转喻手法使话题很自然地与普通人在历史图卷上留下的色彩紧密结合起来。

除了这些修辞手法以外，本篇演讲还运用了悬念。演讲开头提及爷爷在我很小的时候去世，接着讲述他出现在我的面前，这是一个特意设置的悬念，能很好地引起听众的关注。然后说明我见到的爷爷实则是见到他所绘的墙画，对这个悬念给出了合理的解释，并将话题引入历史这一主题。

03 展示技巧

本篇演讲展示时需要注意以下几点：

1）第一段设置了一个悬念，展示时要着力加以呈现。说出“But last year, he came back to life right before me.”一句时需传递出戏剧性，“right before me”要强调，“right”要强读，仿佛真的是爷爷站在我面前一样。随后一句以较为平淡的语调说出，表明是对这一悬念的说明。

2）突出强调的词语要强读，如第二段和其他几段中出现的“OUR”，第四段的“THEIR”等。

3）头韵的效果要读出来，对相同的音要加以适当突出。但是，在突出相同的音时，应注意语调自然，否则过犹不及。

4）某些停顿要特别加以注意。如第六段中的“We the younger generation”“We”之后要略作停顿，以表示其与后面的“the younger generation”是同位语，并达成这一停顿一个更为重要的目的，即突出“我们”应该做什么。

5）演讲中引用了 Thomas Carlyle 和 Karl Marx 的话，如果能模拟这两位思想家说话的口气语调，则能取得更好的效果。

04 比赛感悟

“丹青”固然指真的绘画，但如果将其含义局限于此，就显得比较狭隘了，本篇演讲将“丹青”理解为历史的画图，这样就将题目的格调提升到了较高的层次。一篇好的演讲，往往会将演讲主题作适当提升。

“listen”“learn”“lead”是我以前的演讲中用过的，在这篇演讲中再次拿来用，而且比以前更为凝练，同时切合本篇主题，仍取得了比较好的效果。以前演讲中用过的主题、技巧、事例等，可以大胆复用，但不要因为以前用的时候有好的效果就机械照搬，拿来用时一定要切合新的语境，同时尽量注意要比以前有所提升。

5. Man Shall Control Machines

So, once again, we human beings are trying to look into a mind, the ultimate outcome of which we cannot yet predict. And most ironically, that mind is something that WE created—AI.

Today, 70% of Gen Z use AI. ChatGPT has already seen 100 million weekly users in 2023, and this year, 1.6 billion. AI is redefining the world.

Marshal McLuhan said, “First we build the tools, then they build us.” Optimists say that AI will liberate us from work. Pessimists say that it will rob our jobs. Will ChatGPT become our liberator or Frankenstein? We do not yet know.

ChatGPT sounds like science fiction. And when everyone thought it was this decade’s biggest surprise, there came GPT-4, the peak of AI. But even GPT-4 is just a start, not the finish line. And its more advanced form, AGI, is coming ever closer; it is about to hit us in just 3 years.

Liu Cixin says that a mark of the perishing of civilization is the coming of the “Machine Cradle Age” . GPT-4 is today’s biggest cradle. It lullabies us humans to a slumber, so cozily that we become lazy and gradually lose our thinking, ability, and eventually our civilization. Think about those students caught cheating with AI, think about those papers that are GPT-generated, and think about just how many people are letting ChatGPT take over their work, as they cozily huddle up in their armchairs and watch YouTube.

But “cradle” also has another meaning. It’s where important things begin. It’s true that we are designed by what we have designed, but we also use what we've designed to design the world. We managed computers, we managed guns, and we even managed atomic bombs, and now it's time for us to manage artificial intelligence. Used wrongly, GPT can stand for Gruesome Poison and Terminator. Used rightly, GPT can be a Great Partner and Teacher. After all, AI is just another tool that we created, and the decision of its fate is in our hands.

This world saw an age of man and it now faces an era of machines. Tomorrow it will welcome an epoch of man-chines, man controlling machines.

Thank you.

（367 词）

01 讲稿构思

在第 20 届“外研社杯”全国中学生外语素养大赛中，我有幸从国赛初赛中胜出，跟其他一百多名选手一起进入在北京举行的十强争夺赛。十强争夺赛分即兴演讲与专家提问两个环节。即兴演讲要求选手观看一段有关人工智能的视频材料，然后准备并演讲。本篇就是这次即兴演讲的稿子。它着眼人工智能的巅峰——ChatGPT，对马歇尔·麦克卢汉（Marshal McLuhan）的观点提出反驳，认为人类设计了人工智能，也能够控制人工智能，人类应善用人工智能使世界更好，而非任人工智能将人类终结。

02 遣词造句

演讲开头一段用了一点小技巧，以“So...”起始，表示我的演讲内容是紧接着视频材料和其他选手的演讲进行的，这有一点点类似辩论（其实每一次辩论发言也是一篇演讲），主题的衔接显得非常顺畅。

此外，本篇演讲有两处运用了语言游戏。一处是在第六段对“GPT”一词的拆解：“GPT”原是“Generative Pre-trained Transformer”的首字母缩写，第六段将这三个字母作了另外的解释——用得不好，GPT 就是毒药和人类文明的终结者；用得好，它可以成为我们的合作伙伴与老师。第二处语言游戏在第七段，系将“man”与“machine”两词进行重构，造出“man-chines”一词，表达人类能够掌控机器这一思想。

当然，演讲稿一如既往地在使用数据、力求语言准确之外，还运用了重复、平行结构、对语、转喻、典故等多种修辞手法。其中，平行结构有第五段的三个“think about...”和第六段的几个“we managed...”等；转喻如第一段的“mind”，指具有“思考”能力的AI；对语则有第三段“Optimists say that AI will liberate us from work. Pessimists say that it will rob our jobs.”及第六段的“Used wrongly，GPT can stand for the Gruesome Poison and Terminator. Used rightly，GPT can be a Great Partner and Teacher.”等；典故是第三段的“Frankenstein”。修辞的运用能使语言更生动，并更好地引导听众接受观点。

03 展示技巧

除常规的语言清晰、重点强调外，本篇演讲有两个较为特殊的地方，展示时需特别加以注意：

1）开头的“So”表示的是与视频材料和其他选手演讲内容的衔接，因此展示时一定要有仿佛正在与人对话的感觉。

2）第七段的“man-chines”是创构的词，听众第一次接触应该不熟悉，再加上解释该词的“man controlling machines”出现在其后，鉴于演讲的瞬时性，听众很难回过头去琢磨“man-chines”这个词，因此展示时这个词的发音一定要清晰、准确，方便听众接受与理解。

04 比赛感悟

第五段引用刘慈欣的话，谈“机器摇篮”，这其实是我在“希望之星”总冠军争夺赛演讲稿中用过的（虽然该篇演讲稿最后并没有用上），但在本篇演讲中更为凝练，且结合了人工智能巅峰ChatGPT，比以前那篇演讲稿中的使用更为贴切。对于以前用过的一些好的材料，如果适合演讲主题，尤其是有新的意义与思想高度的，不妨再次使用。

此类即兴演讲，对于演讲稿的要求很高。各位选手所看视频材料是一样的，大家想到的东西也可能差不多，所以，能不能出新在很大的程度上决定了演讲的成败。本篇演讲中，“人类能够控制人工智能”这一点，也谈不上有多少出新，但对20世纪原创媒介理论家、思想家麦克卢汉和著名科幻小说作家刘慈欣观点的反转，既具理论基础，也提供了不同的视角。

除了内容上的出新，一篇演讲语言上能不能吸引人，也很关键。本篇演讲除了常用的修辞手法外，开头的“So...”和最后创构的“man-chines”是语言表达上的一种努力尝试。

另外，这样的即兴演讲，准备时间短，演讲稿记忆也是一个难点。比赛时一定要做好准备，如果忘词，要能够做到真正即兴，千万不可哑然失色、僵在台上。在这一点上，自己写稿就有很大的好处，对稿子内容心中有数，即使忘了个别的词，还是能够继续口头“写”下去。所以，想要在演讲中取得成绩，一定要训练自己写稿的能力。

最终我从这次比赛中胜出，进入了十强。

6. Listen to the Sound of China

China is big. China has a vast territory, a huge population and a vibrant economy. But China is also very small. It breaks down into its amazing people, incredible places and diverse cultures. This is the authentic China.

The Chinese people are singing. From “Qingming Shanghe Tu” , a Chinese painting entitled “Upon the River During the Qingming Festival” , we can hear their songs. Such a giant painting is elaborated with stories and details of ordinary people. We can see the boatmen, the street sellers, and even fast-food deliverymen are present, catching their rhythm of their life. In modern-day China, similar melodies are heard. We see people squeezing in subways, fast-food deliverymen gliding through cities and towns, and street sellers crying their wares. It is the ordinary people that build their lives, that contribute to this nation, that make this nation great. This is the real China.

Chinese cities are singing. When giant cities prosper, small towns are also finding their value and vigor. Zibo attracted millions of visitors with its heart-warming barbecue story. Tianshui offered its honest taste with its spicy hotpots, and tons of tourists are flooding into Ha’erbin to catch the original glimpse of this ice and snow world. The tranquil small-town life is increasingly recognized. This is also the real China.

Chinese cultures are singing. Hanfu is appreciated as an icon of China, both domestically and internationally. When we see media bloggers wearing hanfu on the streets of Paris, we feel this sense of identity deeply rooted in our heart. Erhu, guzheng, and Peking Opera are also widely recognized by the international community for their aesthetic value and artistic taste. This is again the real China.

And China's daily lives are singing. The day wakes up with the frizzling, sizzling and chopping in the kitchen, the day buzzes with the humming, rumbling, whistling and whooshing of transportation, and the day quiets down with the sounds of lights going out. This chorus of moments is still the real China.

So when all the songs of the people, places and cultures gather together, from the deepest seas to the highest mountains, from the narrowest rivers to the widest valleys I hear the voices, the voices that echo right across this nation's sky, the voices that all chant and say the one single thing: this is the real China.

So take a deep breath, ladies and gentlemen, and please listen.

Thank you.

（402 词）

译文：

中国很大。中国有辽阔的版图、众多的人口和蓬勃发展的经济。然而，中国也很小，组成中国的是她令人惊叹的人民、美妙绝伦的土地和多元的文化。这是真实的中国。

中国人民在歌唱。从《清明上河图》这幅中国画作品中，我们可以听见他们的歌声。壮丽的画卷中，细致地描绘了普通百姓的生活图景和细节。我们可以看见船夫、街头小贩，乃至外卖小哥都在把握生活的节奏。在现代中国，我们听到类似的旋律。我们看见人们在地铁中拥挤、外卖小哥穿梭于城市之中、街头小贩叫卖自家的商品。正是这些平凡的人们构筑各自的生活，为我们的国家做出贡献，使我们的国家成为伟大的国家。这便是真实的中国。

中国的城市在歌唱。大都市繁荣发达，小城镇也逐渐找到了自己的价值和活力。淄博以温情的烧烤故事吸引了无数游客，天水以麻辣烫展现了其诚实的味道，而哈尔滨更是源源不断地吸引着游人去看一眼那新颖的冰雪世界的景致。宁静闲适的小城镇生活方式越来越得到人们的认可。这同样是真实的中国。

中国的文化在歌唱。汉服得到人们的喜爱，不仅在国内，更在国际上成为中国的文化符号。当我们看到媒体博主在巴黎街头穿着汉服，我们感到，这种身份感深深地扎根在我们心中。二胡、古筝和京剧也因其美学价值和艺术品位而广受国际认可。这依然是真实的中国。

中国的日常生活在歌唱。一天的日子在厨房中滋滋喳喳和乒乒乓乓的声音中苏醒，白昼交织着交通工具的嗡嗡声、隆隆声和呼啸声，夜晚则随着灯光渐次熄灭的声响而沉入宁静。这些琐碎时刻编织出真实的中国。

当人民、地域和文化的歌声汇聚，从最深的海洋到最高的山峰，从最狭窄的河流到最广阔的山谷，我听见那些声音，那些回响在祖国天空中的声音，那些声音都歌唱着，告诉我们一件事情：这是真正的中国。

那么，女士们、先生们，请深吸一口气，仔细倾听。

谢谢。

01 讲稿构思

在第 20 届“外研社杯”全国中学生外语素养大赛全国总决赛上，我进入十强，参加冠亚季军争夺赛。冠亚季军争夺赛由即兴演讲、专家提问和“挑战面对面”辩论三个环节组成，其中即兴演讲和专家提问决出五名优胜者，进入最后的冠亚季军争夺。即兴演讲要求观看一段题为“Feel the Sounds of China”的视频，然后准备并演讲。视频呈现的是中国大地上的各种画面和声音，如厨房、街道、饭店等场景，包含歌声但无对话或解说。本篇演讲稿抓住“真实的中国”这一主题，从小处看中国之大，从中国的人民、城镇、文化、日常生活几个方面，以“声音”为主线，展现中国的真实面貌，歌颂美好的祖国。

本篇演讲按要求提供中文译文，此处也将译文收入。

02 遣词造句

本篇演讲基于所观看的视频，主要用描述性语言（descriptive language）写成，将歌颂美好祖国这一崇高主题融入生动的描绘之中。

演讲稿照例用了多种修辞手法，最突出的是平行结构、重复与押韵、同音、头韵等声音效果的营造：

1）平行结构。本篇演讲借鉴了马丁·路德·金著名演说“I Have a Dream”的手法，大量使用了平行结构。第二至第五段，每段结构相似，头一句为主题句，中间各句为支撑细节，最后一句为总结，这四段总体为平行结构，主题句和总结句也都用了平行结构。各段中支撑细节的语句也用了很多平行结构。平行结构的大量使用，使主题不断敲击听众的耳鼓，在他们心中越来越强，越来越清晰。

2）重复。本篇演讲用了较多的重复，其中最为特别的在第六段。该段中“I hear the voices”后没有直接跟从句，而是用逗号隔开，然后重复“the voices”。这样做的目的，是强化“the voices”，再以此突出这些声音所要传达的“the one single thing: this is the real China”。

3）声音效果修辞。本篇演讲运用多种相同的音。如第五段，就有押韵（多个 -ing 结尾的词）、同音（“frizzling”“sizzling”与“whistling”中的 /i/ 音，“frizzling”“sizzling”与“buzzes”中的 /z/ 音，“buzzes”“humming”与“rumbling”中的 /ʌ/ 音，“humming”与“rumbling”中的 /m/ 音，“buzzes”与“rumbling”中的 /b/ 音）、头韵（“humming”“whistling”与“whooshing”）等，用语言生动再现了视频内容，也体现了“the sound of China”的主题。

需要说明的是，此篇即兴演讲，由于准备时间很短，又限于本人水平，无论是内容，还是演讲稿文字及展示语言，都存在不少瑕疵，请读者朋友多多指正。

03 展示技巧

本篇演讲主题是歌颂美好的祖国，总体上情绪要饱满，语气要激昂，但要注意激昂与冷静清醒相结合。本篇演讲展示时有以下几个地方需要特别加以注意：

1）第二至第五段，每段主题句都采用了平行结构，但每段主题不同，展示时要着重强调主题词，重读“people”“cities”“cultures”和“daily lives”。中间支撑细节的语句，展示语调有些可平静，有些可激昂，有些可由激昂转入平静，但不管是平静还是激昂，到每段结尾的“This is... China”时，一定要以平静的语调说出，同时在最后一句前的停顿应略长，以此传达出最后一句与前面语句的区别。第六段最后的“this is the real China”也做同样处理。

2）本次演讲特别重视语言节奏的把控。如第六段，该段前半部的平行结构一重又一重推进，情绪激昂，语速越来越快，气势很强，到说完“say the one single thing”，忽然略作停顿，语气随即转入平静，激昂与平静相得益彰，更加突出“this is the real China”这一主题。正当听众觉得这可能是演讲结尾的时候，忽然第七段的“take a deep breath”又趋向高昂，仿佛又开启了另一个篇章，使听众有所期待，将他们的注意力吸引到最后一句话上。

3）上面所说的最后一句话构成第七段，这一句的呈现尤其经过精心设计。前半句音量较重，在“please”后有较长停顿，然后以轻柔而深情的“listen”结束，仿佛是呼唤听众倾听云上空灵的天籁，取得很好的效果。其实，说

“listen”一词时，还可以伴以用手指空中的动作，“listen”一词说完后，可以有稍长的停顿，然后将手放下，这样可以留出略长的时间让听众体会倾听天际声音的感觉。

04 比赛感悟

观看完“Feel the Sounds of China”的视频后，我心情非常激动，脑海中已有了总体的构思，演讲稿的写作基本上是一气呵成，而后又作了一些细节语言的调整润色。写演讲稿，心中有“感觉”非常重要，这种“感觉”其实是感触。若心中没有触动，便难以写出好的演讲稿。

以前写过的所有演讲稿、参加过的所有演讲和辩论比赛，仿佛都是在为这一次比赛做准备；那些修辞，那些 ideas，那些话题，在这一次比赛中似乎全都用上了，而且得心应手。没有以前的这些铺垫和练习，这次比赛要在短短的时间内有一个好的构思、好的语言，可以说几乎是不可能的。人们常说，一个人走过的每一步路都是为了通向最后的目标；也有人常说，没有一滴汗水是白流的。这些话都很有道理。所以，有志于英语演讲的同好，一定要不懈、不停、不畏难、不气馁地努力，一步一步地、坚实地迈向闪光的顶点。

FLTRP CUP

第20届“外研社杯”全国中学生外语素养大赛

THE 20TH FLTRP CUP NATIONAL ENGLISH COMPETITION FOR SCHOOLS

证　书

CERTIFICATE

宁波市镇海中学

刘植 同学

荣获第20届“外研社杯”全国中学生外语素养大赛

全国总决赛

冠军

This certificate is awarded to LIU ZHI

as the Champion in the National Final of

the 20th FLTRP CUP National English Competition for Schools.

2024.04

演讲中的“voice”一词，不是指普通的说话声音（Sound），而是指传达的信息、思想（message）。讲稿中将它与“sound”作了区分，但不是十分清楚，演讲结束后，评委老师就此二词向我提问，恰好给了我进一步解释的机会。

这次演讲，其实我还是感到很紧张的，主要是因为准备时间有限，稿子的记忆不是很熟，担心忘词。不过，任何一次演讲紧张都是难免的，即使感到紧张，也一定要保持足够的信心，这样才能取得好的效果。

我在最后冠亚季军争夺赛中的演讲、专家提问和“挑战面对面”（辩论）三个环节中均有较好的表现，有幸以较大优势荣获这次全国总决赛的冠军。诚然，其他选手也有很多精彩的表现，我从他们身上也学到了很多。

第二篇 余光

——参考演讲稿

在参加各种英语演讲比赛的过程中，我通过持续练习，逐步掌握了独立撰稿能力，并经常就某一个 / 类赛事创作练习稿。这一部分所收的稿子，就是这些练习稿。其中有些稿子，曾由一些参赛选手使用，有的选手还获了奖。

这些稿件多数经过与我父母的讨论，并由他们修改与完善。

第一类
“希望之星”风采展示大会演讲稿

“希望之星”风采展示大会第一关的演讲需要结合自身才艺。如何在短短一分钟内，既能展现自己的英语能力，又能让评委们眼前一亮，欣赏到才艺展示，是稿件构思时需要重点解决的问题。有些稿件还包含舞台展示的中文说明。

1

Hi, everyone. I am Jason. Unlike the other kids on this stage, I don't have many hobbies. I only have two, running and jazz drumming.

I like running because I like speed. In fact, I am one of the three fastest runners in my class. I like jazz drumming because it also requires speed. When I play the drums, I have to be very fast and react quickly. I've also learned to coordinate my hands and feet. That's the coolest part of it! Now let me show you how this works. (可以加入一个空手表演打架子鼓的动作，向评委展示手脚协调配合——同时口中模仿鼓声) Thank you.

(93 词)

2

Sanda, a free combat, a kind of martial art, is my love and it makes me special. Look at me. I am dark. I am tall. I am strong. I am full of muscles. I am full of power. I am a big man. Sanda lets me know how to exercise my body. It makes me healthy. With sanda, I know how to protect myself and my parents. It makes me strong. Sanda makes me love sports in my free time. It opens a world of sports to me. It brings me a wonderful life. I love sanda. Thank you.

(100 词)

3

Hello, everyone. My name is Mandy. I am only 11 years old, but I have been a babysitter for 7 years. A babysitter for my little brother. Do you know how I look after my baby brother? I sing songs. When he cries, I teach him to sing "Who says tut tut tut? The rabbit. The rabbit says tut tut tut .Who says eaw? The donkey. The donkey says eaw." He just laughs. I feel blessed that I can sing songs and that I can help my parents. This is the special me, a sister who can sing songs and a sister who sits her baby brother with her singing.

(111 词)

4

Hello. My name is Oscar. Are you familiar with this name? Yes, it is my wish that one day I can be an Oscar winner in piano playing.

Do you see my hands? My fingers are long and thin. They are very special. My fingers can touch piano keys easily, can move quickly and can work wonders on the keys. My fingers will bring you wonderful sounds. My fingers will drag you into the world of music. My fingers will help you travel the whole universe.

This is the special me. A boy who has piano fingers and who loves playing the piano. Thank you.

（105 词）

5

Hi, everyone. I am Anna. I have many hobbies, reading, singing, dancing, painting, etc. But playing the guzheng is my favorite. It not only enriches my life, but makes me a capable learner of many arts.

When I started to learn English, I found some pronunciations difficult, especially the pitches. I thought to myself, "Why not practice English pronunciation to the accompaniment of the guzheng?" So I gave it a try and, wow, English pronunciation suddenly became much easier.

Later, I even applied guzheng rhythm to my painting and calligraphy. The result? Fantastic!

Playing the guzheng makes me a good learner.

（101 词）

6

Dear judges, I'd like to share something with you:

Who has seen the wind?
Neither you nor I,
But when the trees bow down their heads,

The wind is passing by.

Sounds great, right? Yes, this is a poem. I love it. And I'm sure you like it too. I started to read English poems not long ago and I immediately fell in love with them. Now I read English poems almost every day. Reading English poems keeps me in a good mood. I even hope to write my own poems one day. Do you think I can?

（98 词）

7

My name is Helen. I love painting. This is a picture I painted.

I love painting. It is a world of colours. I can use red, green, yellow, blue and many other colours. I can use these colours to make a wonderful world.

I love painting. It is a world of voice. I do not speak a lot. But my picture speaks a lot. It tells animal stories. It tells flower stories. It tells princess stories. My pictures are a world of stories that I want to tell.

Painting makes me special. Do you think so?

（96 词）

8

"Clare! Clare! Look over there!
Jars, tins and packets are everywhere.
Did you do it, Clare?"
"Oh no" said Clare.
"I didn't do it. It was my bear."

These are some lines from the phonics book *Clare and the Fair* and they sound beautiful, don't they? You may not believe that I was not interested in English only a year ago. But then I learned phonics. Phonics is magic. It's a very useful method to read English words and has greatly improved my English. I can read many English books now. And today I am standing here giving an English speech!

Thank you.

（103 词）

9

Ladies and gentlemen, here is my show:

If you sing a song,
I will sing along,
Sitting in the sun,
Loving duet is long.

Thank you! Do you like singing? When I saw the film *Frozen*, I was attracted by the theme song *Let It Go* and the wonderful voice singing it. I learned the song by myself and want to sing more beautiful songs. When I am sad, stressed or angry, I sing a song and I start to calm down and think about all the good things in life. Singing makes me happy. This is me, a girl who loves singing. Thank you.

（101 词）

10

I am a big boy now. I have a sister and I have my beloved mother. I chose to learn wushu, the martial arts. Do you know why? I love China. I want our country to be more and more powerful. I love Chinese martial arts because they tell me how to behave and how to respect. But tell you the secret. The real reason I chose to learn wushu is that I love my sister and my mother. I will grow to be a strong man. I will protect my sister and my mother. This is the special me!

（99 词）

11

［进场，鞠躬，先吹一段 *Twinkle Twinkle Little Star*（一闪一闪亮晶晶，满天都是小星星）。注意：演奏不超过十秒。停止演奏小号，开始演讲。］

Hello, everyone. I'm Eric, 6 years old. Do you know the piece I just played? Yes, it's *Twinkle Twinkle Little Star*, a well-known song, but in a different way—the trumpet. I'm learning the trumpet. The trumpet is easy to carry and play. Then I can enjoy music anytime and anywhere. Yes! I love music. It makes me relaxed when I am tired and it cheers me up when I'm sad. Whenever I imagine playing beautiful melodies on the trumpet, I'll be so excited. Music makes me a happy boy. Thank you.

（90 词）

12

Hi, everyone. My name is Linda. As you see, I'm an outgoing and active girl. Singing and dancing are my favorite things to do. I can also play the guzheng very well. Sometimes, I ask myself if I have a gift for music. But more often, I tell myself practice makes perfect.

A person with hobbies feels love and happiness. And I like sharing my happiness. When I see my friends unhappy, I sing and dance for them. I play the guzheng for them. I like to cheer them up.

My happiness brings others happiness, which makes me even happier. I hope I have brought you happiness today.

（108 词）

13

Hi, everyone. My name's Bella. You may have heard of the Running Man, but you may not know the Running Girl. Actually, the Running Girl is my nickname. I love running very much. After busy study, I often run on the playground. I enjoy the feeling of high speed. I feel like I am running in the wind, which is whistling in my ears. I think that's the most wonderful time in a day. I have won the 60 m and 100 m races in every annual sports meeting. Once I broke the school record for the 60 m. After that, I became the Running Girl. Running makes me feel fantastic. Thank you.

（109 词）

14

Hi, everyone. My name is Jenny. I think I am a girl who loves the beauty of art and nature. I have been learning pottery making and paper-cutting for some years. These traditional art forms are really charming. In vacations, I like to go traveling. It is in fact my favorite thing to do because I can see many things and put them into my ceramics and paper-cuttings. My mom told me that's called "creation"!（拿一件自己的作品，陶瓷或者剪纸，给大家看）This is one of my creations. Do you like it? Do you think I can be an artist one day? Thank you.

（97 词）

15

Hi, everyone. My name is Gene. I am an outgoing boy. I like a lot of things, especially making friends. I even went to Japan on a study tour last year, all alone. Well, it's really not much for boasting, but that was the very first time I had been to another country, alone, and at such a young age. I made some Japanese friends on that trip and learned from them quite some Japanese. Konichiwa, ohayou gozaimas, tomo aligato gozayimas. I hope I can see more of the world in the future. Thank you.

（95 词）

16

I am Cinderella. I am the poor match girl. I am the little mermaid. I enjoy playing all these roles. But I am Rania, a girl who loves drama and loves performing. I wish that, one day, I would be able to stand on the stage in Royal Shakespeare Theatre. I wish that, one day, I would be able to play roles like Juliet in *Romeo and Juliet* and Ophelia in *Hamlet*. I wish that, one day, I would be able to bring Chinese drama to the world. Would you come to see my performance? Thank you.

（97 词）

17

Hi, everyone. I'm Sandy. I like art, such as painting, paper-cutting, and most of all, dancing! Sometimes I find it hard to believe I have been learning dancing for six years. I'm only 10, which means I've spent more than half of my lifetime on dancing! Amazing, isn't it?

"Dance is the poetry of the foot." Every time I dance, I feel like a happy bird flying in the wood. Every movement is an enjoyment.

I want to make friends with people who love dancing and share with them the happiness of dancing.

Dancing is one of the things that I will hold on to in my life. Thank you.（配合一个感谢的标准舞蹈姿势。）

（110 词）

18

Hi, everyone. I am Gavin. Do you like trying new things? I do. I am curious about new things and interested in learning. Let me give you a list of things that I started to do last year—the piano, taekwondo, computer programming, tennis, calligraphy, painting, Lego and so on. But what I love most is learning English. In my class, I spend the most time on English. I get better at it and my English teacher likes me a lot. It feels good to be good at something, so I think I will keep exploring my potential. I really enjoy learning new things. What about you?

（107 词）

19

Hello, everyone. I am Eric. I am 5. I can do a lot of things, dancing, singing, football, but I like drawing the best. Mum said when I was a baby, I used to stare at pictures in books, just like this.（做一个盯着看的动作）I was not reading. It was the pictures that attracted me. When I was big enough to hold a pen, I started to scribble. Now I can draw some simple pictures,（展示一两张自己的画）which are doodles in my brother's eyes.

But I don't mind. Art is hard to understand. He will understand one day. Thank you.

（96 词）

20

Welcome to the Voice of China! Today, we will have 12 singers from all over the country. Our program is sponsored by CCTV, MTV, HTV, blah blah blah blah.

Yes. You can see I am good at hosting music programs. I love music and I can sing many songs. But I want to know more about the world of music and songs and I love hosting programs about songs and about music. In my hosting, I would be able to introduce more good songs to my audience. In my hosting, I would be able to learn more about singing and performing. This is the special me! Thank you.

（108 词）

21

Good morning/afternoon, dear judges. I am Sky. I'm eight years old. I've brought you a painting.（提前画一幅自己在足球场举着铜牌的画。）Look. This is me on the football field holding my bronze medal. I painted it by myself. As you see, I am a boy of both art and sports. For art, I love painting and reading. For sport, besides football, I also play basketball, badminton and ping-pong. My teacher asked me once, "Do you like art more or sports more?" I said, "I don't know." I like them both. Doing sports keeps me healthy and full of energy, while reading and painting enrich my mind. This is me, a boy who can be quiet as a cat and moving as a tiger. Thank you.

（120 词）

22

Good morning/afternoon. My name is Jordan. I like all sorts of activities but I like basketball the most. My favorite subject in school is English.

But I didn't like learning English before. I didn't understand why I had to learn it. I did know I wanted to play in NBA, though. But Mom told me even if I made it into NBA, I wouldn't fully enjoy it without learning English well for English is the most used language in NBA. I realized how important English was and tried to make myself like it. Interest is the best teacher. Now guess what? I like English just as much as basketball now!

（110 词）

23

Hello, everyone. My name's Kevin. We all know that doing sports is a good way to relax and keep fit. As the old saying goes, life lies in being active. Now more and more students, especially boys, take up ball games. You know which ball game I like? It is a group sport in which teamwork is very important. We need to keep running on the pitch. The moment a goal is scored is exciting. Every teammate is celebrating and everybody is shouting! Can you guess now? Yeah, it's football, my favorite sport. It makes me faster, stronger and ... happier. Thank you.

（103 词）

24

Hi, my name is Versekey. The very special name tells a very special me. In my name, the word Verse is about poetry, and Key is me. I am a key that opens the door to the world of poetry.

I love poetry. I can recite many poems. *Hold Fast to Dreams*, *I'm Nobody*, for example. I love the images and the emotions in the poems. I also love the rhymes and rhythms in the poems.

I love writing poems myself. Every day, I will write one or two lines. I believe one day I will be able to write beautiful poems and become a great poet.

（103 词）

25

Good morning/afternoon, everyone. My name is Elly. I can be quiet sometimes and active some other times. When I play sports, I am energetic. When I sing, I am passionate. But when I study, I prefer to stay quiet so I can think. Sometimes I can be active and quiet at the same time. For example, when I dance, I move a lot, (做舞蹈动作) but inside I feel calm. Having the two opposite sides in one person may seem impossible to many people. But for me, I like both of my sides just fine. Thank you.

(95 词)

26

Good morning, ladies and gentlemen. Welcome to Sam Show!

I am chatty. I can keep talking for hours. I can talk something out of nothing.

I am witty. I can come up with an idea in one minute. I can use humorous words to make you laugh. But I do have sympathy. I feel sorry for those poor people. I feel sad for the victims in any disaster.

So this is the special me! A chatty, witty boy full of sympathy. Do you know who I am? I am the talk show host, Sam Yan!

(96 词)

27

Hello, my name is Tom. This is a basketball. This is a Lego basketball. I am good at both, but I want to design a Lego robot basketball match.

I have been playing basketball for 3 years. Now I am so fascinated by Lego robots. One day when I was making a Lego robot and at the same time thinking about a basketball match, my hands automatically worked out a Lego basketball. How amazing! So I hope that one day I can use my basketball skills and Lego knowledge to work out a Lego robot basketball match. Do you think I can make it? Thank you.

(106 词)

28

Hi, everyone. I'm Jenny. I like reading very much because I can get a lot from books. Recently I've been reading an encyclopedia, and I have learnt how snow is formed. Snow looks like feathers, snow looks like flour, but it is a kind of cold rain. Rain is water that collects into clouds. Sometimes the clouds pass through cold air, then the raindrops freeze into snowflakes. Each snowflake looks different, but they all have 6 points. Now you know this too. Oh by the way, I do well in all my subjects, thanks to reading, which helps me understand better. So, you see, reading makes me knowledgeable. Thank you.

（110 词）

29

Basketball makes me special.

I simply love playing basketball. I run. I jump. I pass. I shoot. I shout. I laugh. I cry. I lose. I win. All these bring me ultimate fun.

But basketball brings me far more than fun. My whole leg got burned last summer. I thought I would never be able to stand up or walk again. I had an operation. When I asked the doctor what I could do to train my leg, he said, "What do you love?" I answered loudly, "Playing basketball!" He said, "You give it a try." So I tried. Playing basketball helped my recovery! I made it. Basketball brings me a special life!

Thank you.

（115 词）

30

Hello. My name is Venus. I am a very quiet girl. But my fingers are very special. Look! This is how my fingers brought me the wonderful world. The patterns. The colors. The flowers. The animals.

I love cross-stitch embroidery. I am not good at talking, but my fingers help me talk. When I do embroidery, my fingers can dance on a small piece of cloth. My mind is full of the colors and images that I will work out. My passion on the cloth tells people that even a quiet girl can have a colorful world. Do you think I am special? Thank you.

（105 词）

31

The next one is a confident and positive girl. What does she want to tell us? Let's ask her out. Anna. I'm coming! Hello. Nice to see you here. My hobby is dancing. I started to learn dancing when I was 4 years old. I have not only learned various basic skills, but also mastered many dance styles. To be honest, dancing is very hard: highly demanding dance movements; practicing over and over again; body aches; even tears. But I never thought of giving it up. When I'm dancing, I really enjoy my beauty. Every year I take part in many activities. I have won gold awards in competitions in Beijing, Hangzhou, and Ningbo. But that's not enough—I'll keep fighting. Thank you.

（124 词）

32

Here is the World of Dance Final winner, our Champion, Jessica Zhang. Let's welcome. Hi, Jessica, why does dancing make you special?

Hello. Thank you very much. I think I am special not just because I love dancing, but because I love the culture I can convey in my dancing. I particularly love Chinese classic dance. It is very special in movement with melody. Some movements represent a faraway dynasty. Some movements show how ancient people lived and worked. Some movements tell us a minority group. Isn't it wonderful to taste and show the culture when you dance? That's why my dancing is so special. Thank you.

（109 词）

33

Yummy, yummy, yummy! You can hear these words from me every

day! What am I doing? I am tasting delicious food. I am good at many things but especially good at telling you whether the food is delicious or not. Yes, I am a connoisseur.

I can tell you different cuisines. I can tell you the most famous eight Chinese cuisines: Lu, Chuan, Yue, Min, Su, Zhe, Xiang, and Hui.

I can tell you why French food is special and how people misunderstand English food. I can tell you about Korean pickles and Japanese sushi.

Do you think I am special?

(101 词)

34

Hi, everyone. I'm Amy. There are two things I like best. One is dancing. I've been learning it for eight years. My dance teacher is very graceful. When she dances, she's totally into it, and I can't take my eyes off her. Now, I've passed level 7 in dance. I want to be as good as her. The other thing I love is English. It's my favorite subject. Last year I won the third prize in the provincial FLTRP Cup in English reading. I will keep learning and taking part in more practical activities to improve my dancing and English. Thank you.

(102 词)

35

Good morning/afternoon, ladies and gentlemen. I am Daemon, your host for today's English speech contest. Welcome to the live show of the CCTV-Star of Outlook English Talent Competition.

Well, how do you like it, everyone? This is hosting, one of the two things I love most. I like to be on the stage. I like to be talking in front of many people. The other thing I love is English. I think English is a beautiful language. I want to be an English host one day. Being an English host will make my life wonderful.

Thank you.

(97 词)

36

This is a sword! (此处需将剑进行展示) But it is not a usual sword. It is special. It is for fencing. (此处需挽剑花)

Hold! Focus! Prepared! (此处需静止几秒，然后突然爆发) Attack!

Here is a boy, but I am not usual. I am special. I am a fencing attacker! You have to be very careful. I can focus very well, hold my breath, and not even move a hair! I can attack very fast, so fast that you would not have a chance to run away.

I learn fencing and I love fencing. I learn how to concentrate and concentration helps me everywhere, in my study, in my life and in my play. I learn to be very active and positive and the initiative helps me become a welcome boy.

This is the special me!

(125 词)

37

Hi. I'm Benny. I like nursery rhymes. Look! (提前准备好并举起 *Brown Bear, Brown Bear, What Do You See?* 一　书　) This is what I am reading. When I first got the book, I didn't like it. The bear, you see, looks strong and a bit ugly. I'm a lovely girl. How could I like such a strange thing?! But after my mom played the audio for me, I found it interesting and catchy. I couldn't help reading along. Do you want to hear it? I'll show you a little: "Brown bear, brown bear, what do you see? I see a red bird looking at me." Do you want more? I can lend the book to you. Thank you.

(106 词)

38

(开场展示一段拉丁舞，然后说) Hi, everybody. I am Joy. I am a joyful girl and I am the queen of Latin dance.

Do you see how beautifully I can dance? My hands (手的动作), my legs (腿的动作), my whole body with the rhythm (身体有节奏舞动三下)

are telling you about my love and my passion for Latin dance.

Do you see how active I can be? You are right. Latin dance brings me so much fun and so much luck. I work hard on Latin. I have gained many friends, many medals, many happy moments, and, best of all, a special life with music, dance, rhythm and a cheerful character. This is the special me. Dance with me.（再表演一段拉丁舞）Thank you.

（110 词）

39

Look here. This is only a tiny shy girl standing in front of you. But you might be mistaken. I am actually a girl full of power. My power is English dubbing, and I am especially good at animals. Listen! "Sly fox. Dumb Bunny." "I am not a dumb bunny." "A big bad mouse."

I love English dubbing. It makes me know the power of language and also the power within me. I love English dubbing. It enables me to enjoy being different characters and surf the world of movies.

（90 词）

40

Hi. My name is Charles. Charles what? Charles the artist-to-be. Right, I'm not an artist yet, but I'm working on it. I started drawing a year ago. At first, I found it just a piece of cake. You just had to put your pen on paper and there it was, your drawing. But then my teacher told me drawing was not just scribbling. She said I needed to put my heart and mind into it. I thought and thought, and I put my heart and mind to it. I improved. This is one of my many works. Can you see from this drawing that I will be an artist one day？ Thank you.

（114 词）

41

Hi. My name is Charles. I like sightseeing and would like to be a modern-day Xu Xiake. However, just like you, I have a very tight schedule and can seldom visit places. How can I take in all the beautiful scenery of our country? My painting teacher suggested, "Why not paint them? You know, you can tour mountains and waters in paintings without stepping out of your room." So that's what I've been doing—painting China's beautiful scenes. And here is a part of the Lijiang River I painted not long ago. Do you think I can become the painting Xu Xiake some day? Thank you.

(106 词)

42

I am Missy, a girl dedicated to reading and writing. Francis Bacon said, "Reading makes a full man!" I cannot agree more, and I fill my life with books. I have read over 1,000 books. Among them, I like Greek mythology the most. The stories no doubt are amazing, but what astonishes me most is their vitality in history. How come Greek mythology can endure the ages and still be classics? I hope that one day I will be able to compose amazing stories and that one day I will be able to pour my life into the vitality of my stories and make them classics, as Shakespeare wrote, "So long as men can breathe or eyes can see, I So long lives this, and this gives life to thee."

(134 词)

第二类

“21 世纪杯”全国英语演讲比赛定题演讲稿

“21 世纪杯”全国英语演讲比赛是我国主要的英语演讲比赛之一，每年举办一届，主要形式以定题演讲为主，不同届次、不同组别的演讲题目各不相同。与“希望之星”相比，“21 世纪杯”比赛并不特别注重才艺展示，但对语言及呈现方面的要求较高。

第一组

Colors of the World

（第18届中国日报社“21世纪·VIPKID杯”小学生英语演讲大会小高组）

1

Hello, everyone. My name is Derick. I believe that the color of the world changes with different generations.

It's a colorful world, but not always so colorful.

My grandparents told me that in their old days, the world was just black and white. They are really happy to see that in today's world we have colorful big-screen TVs and colorful smartphones.

But I've also heard them sigh and say, "Sometimes I really miss the old days with only simple colors and few choices."

I was too young to understand what they said. But one day, I came to realize something.

That day, I was using the e-dictionary on Mom's smartphone. But she found me watching TikTok video clips instead of looking up words. She got mad and shouted at me. I felt terrible. I didn't mean it. I just saw a pop-up ad and...（摊手无奈表情）So you see, too many choices may not always be good indeed.

It's great for us to have vivid colors and so many choices. They mean the progress of the world. But a smart person is the one who remembers what he wants and makes good use of these resources, rather than gets stranded with their beautiful colors and lost among choices.

（206词）

2

"What is the color of the world?" our teacher asked. "Red." "Yellow." "Blue." Many voices, many ideas, and many colors. So many and so different. I shouted, "Green, green!" But no one agreed with me. I was annoyed. I did not want to talk to them. I went to a corner and picked up a book.

The book was about light. Scientists say that the world actually has no color. Objects have colors only because they reflect light. Yes, the reflection of light. This is how things (强 读 things) in the world obtain colors. This is how the world (强读 world) gets its colors.

Another thing is that nothing in the world has just one color. The color of anything is made up of many colors, which are related to each other. And the last sentence in the book says, "So is our human world, which is made up of many individual persons related to each other."

Something struck me. Why should I have walked away from my classmates? Just because my classmates' answers were different from mine? How mean I was. Different things and different people make up our world. One swallow does not make a summer. Everyone is a color of the world.

I put down the book, and quietly went over to join my classmates, to become one of the many colors of the world.

Thank you.

(226 词)

3

What color is the world? When I heard the question, many colors started to float in my mind. Nature is the most generous in giving colors. The vast grasslands are green; the immense oceans, blue; the gigantic icebergs, white; the extensive deserts, yellow. And, the colors of flowers and leaves? They simply riot. Human beings also vary in colors. Walking on the streets of New York, we meet people of different colors—white, yellow, brown, and black—sharing the same world and living in harmony.

These are the colors of the world, but these are not the color of the world. The color of the world is that of water: transparent and accommodating. We drip a drop of red ink, the water becomes red. We drip a drop of blue ink, the water becomes blue. The water takes in whatever color and produces whatever color we want. This is exactly what our world offers us. The color of the world changes and diversifies as it absorbs and tolerates what we do. We protect nature, and nature thrives in colors. We embrace human races, and mankind prospers in colors. We cherish the earth, and the earth rewards in colors.

So the real color of the world is like the color of water: tolerant and infinite. The infinity of the colors of the world is in our hands. What we see, what we accept, and what we contribute make the colors of the world.

（243 词）

4

There was once a little bird who was too young to be allowed to go out. This poor little creature could only peep at the outside world through the window. She murmured to herself, "What is the color of the outside world, I wonder? Is it purple, red, or green?"

Suddenly, she heard Uncle Tree in the outside world say, "It's brown! I'm brown. And you are brown, too." The little bird nodded her head and said, "Oh yes, that's true."

But Sister Leaf shouted, "No! The color of the world must be green! Look at me." Hearing this, the little bird said, "Yeah, this also makes sense."

Many of her animal and plant friends started arguing. The little bird was totally confused. "What IS the color of the world?"

She turned to her dad for help. But Dad Bird only gave her a mysterious smile and said, "Hmm, it's a good question, but you have to experience it yourself and find your own answer."

When she grew old enough to go outside, the little bird found that none of her friends' answers were right. The world was filled with various vivid colors. She suddenly understood what her father had said. And she also knew that one should always experience the world for themselves.

（214 词）

5

Hello, everyone. My name is Kelly. I was watering the little plant I grow in my room when I asked myself the question, "What is the colour of the world?" I looked at my little green plant and murmured, "Green, of course green." I fancy green simply because I long for a green garden of my own.

We now live in tall buildings, flat next to flat. We may have a balcony, but most of us don't have a garden. We can grow plants, but like me, maybe only in our rooms or better, on a balcony. But deep in our hearts, we all wish to live in a house with a garden, with a corner full of green. I happened to read a piece of news about future housing designs. The future buildings will be designed like an independent garden. Each floor has its own garden, its own flat, and its own car parking space. The whole building will still be very tall, will not also be the colours of paints or concrete, but will be the colour green. We will see trees and plants in the air. We will have gardens of our own.

Green is life. Green brings life. Green inspires life. And there can be no life in the world without the colour green. There can be no mankind in the world without the colour green. I am looking forward to having a house full of green in the future and a world full of green too. Thank you.

（254 词）

6

Hello, everyone! I'm Penny. In my eyes, the colour of the world is green. In my home, the green world can be found in a green box. This box holds leaves and trimmings from the plants on our balcony and waste stuff from our kitchen. Yes, you are right. It is a garbage box; its contents are intended to fertilize our plants. But it is also a treasure box that conceives life. This little green box was my mum's inspiration for garbage sorting in our house. We use waste green to reproduce new vibrant green.

When I saw the first new green sprouts breaking the soil, I was overwhelmed with exhilaration. They looked so young, so fragile, yet so strong and so vibrant. Tears welled up in my eyes. I exclaimed, "It must be the colour of life!" It dawned on me that I had participated in something meaningful. To some, environmental protection may be unfeasible. Well, maybe there is no necessity to change everyone. But we can simply participate, can't we? And our participation will prompt and promote a green and graceful world.

Using green to reproduce green is the best experience I have ever had. I have gained something far more significant from my little, homely green box. This green box will not only breed green plants; it will foster a colourful world.

（226 词）

7

In the eyes of frogs, the world is green, with lotus leaves playing with dragonflies;

In the eyes of bees, the world is red, with roses showing off their passion;

In the eyes of penguins, the world is white, with glaciers standing still forever;

In the eyes of sparrows, the world is golden, with ripe rice nodding in the wind.

In my eyes, the world is blue, simply because the color blue is my mother's favorite. The peace and love she gives me when bringing me up always coincides with the color blue.

She bought me a blue cot and raised me in a blue room. Many times she was in her blue clothes and hummed me to sleep in a lullaby. When I felt frustrated, she took me to the sea and encouraged me to shout out my sadness and anxiety in front of the vast blue. I regained a peaceful mind.

When I went to parties, she dressed me in beautiful blue clothes. I felt safe and secure.

She impressed me with her favored blue color and with her peace and love. I could seek power in her, I could find calmness in her, and I could rely on her tolerance. She has led me to fall in love with blue, and no doubt, the color of the world is blue to me.

（227 词）

8

Deep in my heart, there is a beautiful painted world filled with red, orange, green, blue, and other colors.

When I immerse myself into this world, I am surrounded by love in colors.

Red stands for my teachers' love. They are passionate and warm, loving me with all their enthusiasm and teaching me with all their energy.

When I sit under the orange trees and drink orange juice, it always reminds me of my parents' love, which is full of encouragement. Their sweet—and, sometimes, sour—love would definitely taste like an orange.

My grandparents' love, however, is green. It is like green grass, soft but rather strong and selfless. They always answer to every reasonable requirement from me while wanting nothing in return.

The blue sky is the love from my friends. Playing with them is like playing under the blue sky, surrounded by warm and peaceful love. Sometimes we have arguments just like the times when the blue sky turns dark, but the sky will always turn back to blue again. And when it does, we all agree on something and return to playing in peace again.

This is the colors of the world in my eyes. The colors of love that fill our world. I love this colorful world, and the colorful world loves me.

（219 词）

9

The world is full of colors. We ourselves are surrounded by colors everywhere and all the time.

In spring, the whole world is in a dress of green grass. You can see green everywhere: green dancing under your feet, green sprouting on the trees.

In summer, I find myself surrounded by bright colors. I can see pink lotus putting makeup on its leaves in the pond. I can see blue waves playing with golden beaches under the cobalt sky. Watching all these interesting colors always makes me lost in happiness.

We always use gold to describe autumn. I always see the streets paved with golden leaves and the warm sunlight illuminating the clouds in autumn. I also see red, purple, gold and other colors on ripened crops.

The world is covered with white in winter. Snow hugs the ground and ice hangs on branches. And the lake often dresses itself as an ice mirror. Pure but quiet, everything seems so lonely in winter. However, we know they, by covering themselves in white, are just having a good rest and preparing for the excellent show next year.

Time rolls on with the seasons, and colors change every single day. Most usual but most unusual.

（203 词）

10

Hello, everybody. My name is Venus. I am a girl who loves flowers. The colors of flowers are what I think the colors of the world are. In this world there is a flower with seven colors. My world is also like that, a world with seven colors.

I see the first color when I go to school and when my teachers do not give us too much homework.

I see the second color when I stay at home and see my parents young and healthy and my baby brother clever and lovely.

I see the third color when I go to the once polluted places and see that the rivers have become clean, that the sky has become blue, and that the forests have become green again.

I see the fourth color when I go to the once poor places and see that the people there have houses to shelter themselves, that the kids have food to eat, and that there is no longer hunger or cold.

I see the fifth color when I go to the places once with wars and see that there is no more fighting, no more killing, and no more bloodshed, that everybody is living a peaceful life.

And then I see the sixth, the seventh, and many other colors. All the colors appear when I have a kind heart and a happy world. The colors of the world lie in kindness and happiness.

Thank you.

（242 词）

11

The color of the world should be white. I insist.

My mother warned me that the world is black. I am a girl. My sex and my age make my mother worry. I understand. She said there were a lot of bad people who could do really terrible things to a girl like me. Kidnapping and killing are too terrible—terrible beyond my imagination. She told me that I should stay alert and stay safe.

But I have met so many good people. Everyone in my life is kind and pure. I am immersed in love. My parents love me very much. They always encourage me to explore what I am interested in and to make my own choices. My teachers devote all their hearts to me, helping me so much but never complaining. My friends, though we have arguments sometimes, are lovely and friendly most of the time.

So, I was puzzled. What is the real color of the world?

The world is white and black. There are good people doing good things. There are also bad people doing terrible things. I think most people are just ordinary people who have both white and black sides inside them, including myself. But I insist that I be a good girl and that my world be pure and white.

（216 词）

12

Dear judges, if I have to choose only one color to describe the world, it will definitely be red.

Red is the color of China's national flag and our red scarves. They are red in memory of those who gave their lives for the revolution. To tell you the truth, as a child born in a time of peace, I don't have much idea about the wars nor the revolution. But I am grateful for the peace I enjoy.

I have seen news about Syria. There are many pictures about Syria's war and Bashar al-Jaafari, the Syrian diplomat to the United Nations. I know how terrible a war can be. And I have learned more knowledge about the history of modern China. I understand. I feel. The blood-colored scarves are not anything like a joke. This color saved us from war. "Weak countries have no diplomacy."

I have watched the military parade celebrating China's 70th anniversary and I was deeply moved. The whole country is red on such a special day, not only because it's the color of China, but also because it's the color of the Chinese people's enthusiasm. I'm so proud that China now is strong. May the world be peaceful forever.

（206 词）

第二组

If I Had Super Powers

（第18届中国日报社“21世纪·VIPKID杯”小学生英语演讲大会小低组）

1

Hello. My name is Flower. Have you been to an ocean park? The dolphins and whales in boxes and cases seemed to smile, but I couldn't feel their happiness. People say the ocean park is a kind of protection for sea life. I don't agree. Who can be happy when he has to be away from home?

So, if I had super power, I would clean all the garbage in the ocean and create better homes for sea creatures.

If I had super power, I would not lock them up to put them on display. I would free them into nature, back home!

Imagine that they would free with their parents and their friends, enjoying love and peace in the blue ocean.

Wouldn't it be amazing?

（121词）

2

Hello, everybody. My name is ____. If I had a super power, I would like to create large forests in deserts.

Imagine how nice the world would be if there were forests in a desert! Many travelers and animals die in deserts now because of its extreme climate changes and water shortage. If there were trees in deserts, such death would definitely be avoided.

What's more, there would be no sand storm (沙尘暴) in cities. The tree roots would be strong enough to prevent sand and soil from being blown away (吹走) by winds.

How I wish to have such a super power to create large forests in deserts!

(116 词)

3

Super powers! Mind reading? Space traveling? Or making a lot of money? No! I would like to be able to move instantly. I could go wherever I'd like in a minute.

I would say, "Himalayas!" Whoosh! I would be there, the highest mountains in the world. I would stay on the top of the mountains. Before I got frozen, I would say, "The Great Barrier Reef!" Whoosh! I would be in Australia, diving and playing around with the colourful fish. What about swimming beside a shark? No fear! Before they wanted to eat me, I would say, "Home!" Whoosh! I would be home, sitting at table and eating my mom's food.

Wouldn't it be wonderful? A power that would make me braver and stronger. Thank you.

(126 词)

4

In the movie *Frozen*, Elsa is troubled by her ability to make ice. But I wish I had that super power. Then I could go to the South Pole to protect lovely penguins.

I don't know what has exactly happened in the world. Many reports talked about global warming, about ice-melting, about the enlarging ozone hole. These changes seem far away from me. But I feel very sorry for the lovely penguins in the South Pole. They are innocent animals. I want to protect them. I want them to live happily. If I could make ice as easily as Elsa, I would produce enough ice to create a better home for them.

It is a very simple idea of mine. Do you like it?

（122 词）

5

Hello, everyone! I am Jenny. I am a big fan of *Harry Potter*. What do I hate? Homework. I always have so much homework, and because I have so much homework, I am not able or allowed to read *Harry Potter*.

How I wish I had a super power! My super power would be to make a magic pen. It could remember whatever I said. It could write by itself. And it could be controlled from far away. It could do the test papers for me. So I could have a lot of extra time to read *Harry Potter*.

My mom said it was a great idea. But she said if I did my homework well now, I would be able to invent such a magical pen with super power. Oh! But still homework!

（134 词）

6

Hello, everyone! My name is Kate. "Water, water everywhere. There is not a single drop to drink." So much rain. So much water. People were crying. People were dying. I saw all these videos about the floods. My heart was very down. How I wish I had some super power.

I could move all the extra rain and water to places where there is very little water, like the Sahara Desert. Then everywhere on Earth, there would not be too much water nor too little water. There would be no floods; there would be no droughts. What a wonderful world that would be!

Oh, I do wish I could have such a kind of super power. Thank you.

（118 词）

7

Hello, everybody! My name is Hilda. Do you know QQ candy? It's soft, chewy, and it's kind of elastic. If I had a super power, I'd like to make things elastic, especially cars.

If cars were soft and elastic, just think how beautiful the world would be! There would be no car crash. There would be no damage and no traffic jam. There would be nobody dying from car accidents. What a great idea!

No, mom said. Stop day dreaming. If you made all cars elastic, people would simply neglect traffic rules and drive madly. The real super power lies in everyone following rules. She made me think of this. I agree with her. Don't you agree, too?

（118 词）

8

Hello, everyone! My name is Clover. I am a "why" baby. I ask why to this. I ask why to that. Many times my mom says, "Oh, I wish I were the Internet, knowing all the answers to the questions of why."

What a great idea! I thought. If I had a super power, I would connect my brain to the Internet. I could get all the answers to my questions. I could know what is happening in the world every day, every moment.

With this super power, I could save time in searching for answers. I could have more free time to play and think. And I could invent new things. The world would develop even faster. What a wonderful super power! Would you like to have a super power?

（131 词）

9

Hello, everyone. My name is Losie. I love everything except doing homework. I wish I had some super power.

When the teacher wants to give us homework, I stare at her, and use my super power. She would feel puzzled, dazzled and she would even twizzle her eyes and her head. Then, instead of saying "Students, finish Pages 2-5. Memorize the text and copy the words five times", she would say, "Have a great evening. Play with your friends. And watch some TV."

Hooray! No homework.

What a wonderful day dream. I am sad to know there is no such super power. If we want to have some super power, we just have to work hard. Keep working, Losie.

（119 词）

10

Hello, everybody. My name is Dora. I love reading *Huangdi Neijing*. I dream of becoming a good doctor. One day, my mom said her back was hurting badly. I put my fingers on her back. As I remembered the book, I suddenly felt some magic power come through my fingers. I massaged her back a while. "Oh, this is wonderful. My back is not hurting at all now." Mom said. We were all surprised by my super power. But then I woke up. It was only a dream. How much I wish I had such a healing super power. I could help so many people in the world. I shall keep reading *Huangdi Neijing*. And maybe one day, I will have such a super power.

（125 词）

11

Hello. My name is Ella. If I had a super power ... Wow, many naughty and tricky ideas just flashed across my mind. I rolled my eyes. Just before I spoke out, my mom cast me a serious look, "You can only use your super power to do good things."

All right. I wish I had the super power to collect all the garbage in the oceans in one day. Let me give back the sea life clean water and a clean home. No whales would swallow plastic cans. No turtles would die from plastic bags. No sea life would suffer from plastic articles.

This super power seems incredible indeed. But for now, we can use our human power, starting with waste sorting. No complaining. Only acting. Bits of human power acting collectively, super power there will be. Thank you.

（139 词）

第三组

My Favorite Festival

（第 19 届中国日报社“21 世纪 · VIPKID 杯”小学生英语演讲大会小低组）

1

Hello! I am Grace. What is your favorite shape? I prefer round. I like all round things, such as round balls, round oranges, and my round eyes. And that is exactly the reason why I like the Mid-Autumn Festival best.

As is known to us, on the Mid-Autumn Festival, we can see the roundest and brightest moon hanging in the sky. It is a symbol for completeness and reunion. All my family members gather together to prepare and share a big meal. After the dinner, we appreciate the round moon together, and it is essential to enjoy moon cakes, which are also round and also symbolize reunion. So the Mid-Autumn Festival is full of roundness and delicacies and it gives us the wonderful moon. The Mid-Autumn Festival fully satisfies my favor in round things. I like it best.

（139 词）

2

Hello, everyone. My name is Hilda. My favorite festival is National Day.

I love this holiday because I love the atmosphere. In this holiday, people are singing; people are celebrating. Have you ever heard of the song “My Motherland and I” ? It's my favorite song. And I am able to hear this melody during the National Day holiday everywhere, so I can't help humming along all the way.

What's more, I love to watch the military parade as well. I remember when I watched it for the first time, the sense of amazement overwhelmed me. I participated in a military training once, so I know how hard it was to do so well. Every time I watch the parade, I can feel the strength of my motherland, and I am so proud.

Thank you.

（134 词）

3

My favorite festival is Tomb-Sweeping Day, "the dead's festival".

I know, I know, you want to ask—why?

I used not to like this festival in the past, because I thought it was a sad "rainy" festival. Both the people and the sky.（叹气摊手）

But I changed my mind after watching the movie *Coco*.

The festival is meaningful to the dead, because real death is the end of any living memory about them.

It is also meaningful to the living. Commemorating our ancestors reminds us of cherishing the peaceful days. The real spirit of this day, I assume, is to keep on going with a strong but also soft heart. Just like the proverb says, "The best life is to live in the moment. Don't forget the past, and don't fear the future."

Thank you. My name's Kaylee. I wish you a nice day.

（143 词）

4

Hello, everyone. I'm Larry. Today I'm going to share my favorite festival—Chongyang Jie—with you! It's a traditional Chinese festival celebrating the elders. It's on the ninth day of the ninth lunar month. So it is also known as the Double Ninth Festival.

I found this name very interesting and profound. "Nine" is the biggest number under ten, and its Chinese pronunciation "jiu" also refers to longevity in Chinese. Therefore, ancient people thought it was a noble day and regarded it as a representation of elderly people.

Also, the Double Ninth Festival occurs in the golden season—autumn. Neither too hot, nor too cold. Can we find a better season to climb hills and admire beautiful scenery than autumn? Hope you like it too!

Thank you.

（129 词）

5

What?（伸一只手在耳旁假装有人在问的样子）My favorite festival? Hmm, let's have a guess! It's a traditional Chinese festival, and the moon is bright and round on this day. Not the Mid-Autumn. It's not long after the Spring Festival.（稍微停顿一小下）Yes! It's the Lantern Festival!

I like the Lantern Festival because there are so many fun activities on this day. Eating sweet rice dumplings, guessing lantern riddles, setting off fireworks... Families usually get together to admire the moon. Oh yes, how can we forget the exquisite lanterns! They are the most special ones typically displayed only during this festival.

Thank you. I'm Leo.

（124 词）

6

Here comes my favorite festival. Listen. Dong dong dong dong dong...（做打鼓状）, and there's a dragon boat! Yes, that's the Dragon Boat Festival. It's a traditional Chinese festival in midsummer, aimed to commemorate the brilliant Chinese poet Qu Yuan.

I love this festival best for the story behind it. Unwilling to quit his beloved country, Qu Yuan committed suicide by throwing himself into the river. To protect his body from being eaten by fish, people rowed boats on the river and threw zongzi—rice dumplings—into the river. This is how the custom came into being.

I like this festival, and I admire Qu Yuan for his deep love for his mother-land and his bravery. I want to be a person like Qu Yuan when I grow up.

Thank you.

（137 词）

7

Hello, everyone. I am Sherry. Guess what my favorite holiday is? It's Children's Day! This is a festival for all children. Every child including me can play very happily on this day.

First, my mother will dress me up in a beautiful dress and take me out to play. Once my parents took me to the park for a picnic. The scenery was so beautiful! Secondly, my parents will also prepare my favorite holiday gifts for me. I also receive gifts from my teachers and friends! Finally, on every Children's Day, teachers will prepare a party for us at school. I will eat with my friends and play very happily!

On Children's Day, I am the most cared-for and the loveliest child. I love Children's Day! Thank you.

（128 词）

第四组

In my eyes, ______ is the bravest person

（第19届中国日报社“21世纪·VIPKID杯”小学生英语演讲大会小高组）

1

Talking about bravery, what is the image in your mind? Dangerous situations? Strong heroes? You know what? We all have met some heroes already. They are teachers.

Teachers are the bravest ones in my eyes indeed. They are brave because they take the heaviest responsibility on their shoulders—the future.

We are all familiar with the saying of “the critical period” and unfortunately, I happen to be a typical kid in my critical period. What’s worse, I’m the only child in my family, so I’m very crucial. I can’t be hurt. I can’t be spoiled. I can’t be blamed. And I have to be excellent and happy.... Oh my God, is there anything more difficult than educating and bringing up a kid? If there is, it must be educating a dozen kids! Heavy is the burden that rests on teachers’ shoulders—every word they say, every move they make can influence many people’s entire life, and there is no way to try again.

I love teachers. I love their selflessness in devoting all their hearts to us. I love their bravery in taking responsibility for influencing the future of the society. Hope I can be a teacher in the future too.

Thank you. My name is Amy.

（207词）

2

I search up and down. I search every corner of modern history. The bravest person in my mind is Huang Jiguang.

Do you know the Korean War? This is a war witnessing a terrible history filled with our blood and pain. We lost approximately 180,000 volunteer soldiers in that war. Huang Jiguang was one of them. He sacrificed himself and now rests in peace in a foreign country forever.

When I heard this story for the first time, I was so shocked that I was speechless really. How could a person endure such PAIN?

Let us imagine the unprecedented Battle of Shangganling. In the unimaginable sea of fire, Huang Jiguang volunteered to destroy the raging firing point. He pulled himself forward, insisting on his task of blasting enemy firepower. Despite the gunfire, he kept forward, and finally he blocked the muzzle of the enemy's shooting machine gun with his chest. He sacrificed himself to clear the way for the troops, at the young age of 21.

How did the Chinese Volunteer Army repel the invaders? Who has the most powerful firepower in the world? I believe it's the Chinese Volunteer Army soldiers who had faith and love for their country and people. It was exactly this unbreakable faith and selfless love that brought them enormous power to face the enemy, to face death. There were countless heroes like Huang Jiguang in the Volunteer Army. We will remember them forever.

(241 词)

3

Hello. My name is Edward. As for the bravest person in my eyes, let's have a guess! And I will provide some clues here.

First, he was born in Shanghai. Second, he was a member of the Communist Party, and once studied in the United States. Third, he is the "Father of Chinese Missiles". Now do you have any idea who he is? Yes!

His name is Qian Xuesen!

I was greatly impressed by his determination and braveness when I first learned about Qian's story. Early in the 1940s, Qian Xuesen was one of the most outstanding scientists in the aerospace field. He was in the U.S. then, and the U.S. government treasured him a lot. When he heard of the foundation of PRC, he attempted to return to China but was stopped by the U.S. government. They put him in jail. Fortunately, he successfully contacted the Chinese government and returned to China and dedicated his life here. I admire his braveness a lot. He was already a successful scientist and was well treated in America. Why did he abandon all these to return to his poor motherland?

Every time when I read about his story, I would immerse myself in a great respect for his character. Brave and smart, he loved his country and was willing to give up all he had to help his motherland regardless of danger and threat. I really want to be a man like him in the future.

（244 词）

4

Hello! I am Ella. When we see superheroes in movies, we may think that they are the bravest people in the world. They fight against evil enemies and protect our home without any fear. They are the embodiment of courage and dedication. Are there such people in real life? Yes, there are. In my eyes, scientists are people of courage and dedication. They are the bravest.

It is scientists that use wisdom to promote the continuous development of human society. It is scientists that solve all kinds of problems on Earth to maintain our beautiful scenery. It is scientists that try to explore everything unknown to help eliminate our fears of the unknown.

But success in scientific research is not easy, just as the enemy of evil is not easy to defeat. The road to the summit is full of thorns and mud. It takes a lot of courage to explore the unknown side of the world. And the success requires enthusiasm, patience, hard work, sometimes even the lives of scientists. Almost everyone has heard about Madame Curie's discovery of radium, but do you know she also died from the radioactivity of radium?

Scientists are brave superheroes. Their wisdom is the weapon to break darkness. Their invention is the shield to protect human beings and the earth. They are the bravest.

（221 词）

5

Who's the bravest in the world? It's me, myself. Some people may laugh at me and ask, "How can you be brave when you are so young and tiny?" But I must say, don't you think that's why I am so brave? And, brave people can never be seen from the outside!

There is an old saying that goes, "Distance produces beauty." The image displayed by each of us in the eyes of outsiders is all packaged and selectively displayed. We choose to show as few as possible of our shortcomings and dark sides. However, you cannot hide from yourself.

I can see my shortcomings. Sometimes I play outside and forget the time to go home; sometimes I make mistakes about the knowledge taught by my teachers; sometimes I can't control myself and lose my temper with someone close to me. This is me, an immature and imperfect person.

As many other people, I always feel anxious and blame myself for my shortcomings. But now I know real courage is to dare to face all your shortcomings and accept them. Stop blaming all failures on yourself. In this world, there are not many people who are really nice to you. You are the only one who can stay with you all the time. So be good to yourself. I'm brave, you are brave, we are all the bravest.

Thank you. I'm Jenny.

（232 词）

6

Hello, everyone! My name is Kelly.

My mom once asked me, "Who is the bravest person in the world?" I answered without any hesitation, "Me! I am the bravest!"

I didn't think much at first. I just wanted to be a brave person. After some thinking, my answer is the same. "I am the bravest. We children are the bravest."

We don't know too much, so we are still curious about all the things around us. The world is much more interesting and beautiful in our eyes, and we are willing to explore.

We don't think too much. When facing problems, we are likely to act before thinking. Well, I'm not sure whether this is a good thing...just like me answering my mom automatically. (吐舌开玩笑)

We don't have too much to lose, so we are never afraid of losing. When facing a challenge, I just rush forward and believe I can do it. I never doubt myself, and I am never afraid of failure.

Yes, we children are sooo weak. We don't have the things adults have. Knowledge, wealth, power, experience... none. But we have something which you lost in your way of growing up—courage. And I hope I can always keep this braveness and grow up to be a brave adult.

Thank you. I'm Kelly. Wish you a nice day!

(227 词)

7

There are batches of volunteers rushing to various places in our city. You can see them everywhere. On subways, in hospitals, in colleges. With their great spirit, they solve many problems and contribute a huge spiritual force to the city. I really love volunteers, and I think they are the bravest in the world!

The volunteer spirit is a spirit of courage. That is, to do what is right. As long as they see what everyone needs and what is good for everyone, they don't hesitate to do it, and do it bravely.

The volunteer spirit is a spirit of not being afraid of danger. As long as they see something worth doing and ought to do, they will do it immediately, not afraid of any danger, and not afraid of sacrifice.

The volunteer spirit is a spirit of selfless dedication. Volunteer service tasks are arduous, the risks are huge, and such services are unpaid. However, these services are voluntary. How selfless they are!

The volunteer spirit is a spirit of easing worries for the country. Volunteers bravely solve problems facing the country. They do not care about remuneration. They do not even fear death. They never regret.

Volunteers' nobility and bravery deserve our admiration. I hope I can become a volunteer one day!

（214 词）

8

If I have to figure out who's the bravest in the world, it will definitely be doctors.

Last year, we all faced an incredible challenge. A sudden epidemic changed people's life and threatened people's lives. People were dying, the number of deaths was growing... I can't imagine anything worse than those days.

Now, we are all safe, and don't have to quarantine ourselves anymore. And these all should be attributed to the bravest doctors. It is their selfless sacrifice and devotion that gave people a better living place.

There are no heroes in this world, only ordinary people who come forward. Don't they miss their families? Don't they fear the virus? They sure do, but they stand out and use every means to fight. Many of them have been working for nearly a month, wearing protective clothing for 12 hours a day, and only sleeping for 5 hours a day.

As a child born in a time of peace, I don't have much idea about disasters. But the epidemic enables me to witness the weakness of life. I really cherish the peace I'm enjoying now. Ordinary acts might be the most courageous deeds in life.

The revival years have just begun, and it seems that the whole world has been reminding us of these courageous people.

（216 词）

9

Hi. I'm Mike. It's a pleasure to be here. When it comes to the bravest person, maybe you will think of superheroes like Iron Man, Spider-Man and so on. Today I would like to introduce the bravest man in my heart. I believe that everyone is familiar with the name "Copernicus" . Yes, Copernicus is the bravest superhero in my heart.

Copernicus was a Polish astronomer and mathematician in the Renaissance. At that time, the geocentric theory had been dominant in religion. But one day, Copernicus put forward the heliocentric theory, which effectively broke the geocentric theory. The Roman Catholic Church thought his heliocentric theory was against the Bible, but Copernicus still believed in it. He was so brave to negate the authority of the church and change the view of human beings on nature and themselves. In my heart, he is the embodiment of wisdom and courage. Before being accepted by people, he and his theory went through a long-term struggle. Just like the superheroes in movies, it took him a lot of time and effort to defeat the horrible oppressors. Every time I think of Copernicus, I am encouraged to be a brave person like him in the future. As Copernicus said, "The duty of a man is to have the courage to seek the truth." It is with the spirit of challenging authorities that our society can make great progress. It is with the spirit of seeking the truth that human beings can break ignorance and darkness. It is with the spirit of courage that people can overcome all difficulties in life.

（265 词）

10

Who do you think is the bravest person in the world? For me, it's definitely my dad.

I am a girl, and I am a brave girl. But I was not born to be brave. I used to be afraid of insects. But every time I was terrified, it was always my dad who stood in front of me and fought against those "monsters".

He also encouraged me to drive them away myself next time. Gradually, I overcame my fear of insects because I believe in my dad's words and believe he will always protect me.

I believed that there was nothing in the world that my father would be afraid of. But I found myself wrong later.

One day, I saw my dad doing something furtively with his eye brows knit tightly. I was quite curious, and walked to him quietly. I saw my favorite wind bell in pieces, and my dad was trying to paste them carefully with glue! "I'm sooo sorry, sweetie," said my father hastily. "I didn't mean it." I read anxiety in his eyes. He was worrying about me.

The wind bell is still hanging in my room today. It isn't beautiful anymore, but its cracks remind me of how deeply my father loves me. After this experience, I realized that my father was not a superman. There IS something in the world that my father is afraid of, but the power I gathered from my father's love is only stronger. He is still the bravest one in my eyes.

Thank you.

（258词）

11

In my eyes, the bravest people are the take-away deliverymen. Yes, you know, the ones who wear yellow or blue, traveling around the city on their electromobiles.

Indeed, take-away deliverymen are everywhere. They are common. They are ordinary. But actually, it is exactly this "common" and "ordinary" that makes them special.

I am a big fan of puddings. I often ask my mom to order them for me. I remember one day last summer when I suddenly craved a pudding, and I begged my mom as usual. It so happened that a typhoon was crossing Ningbo, but Mom said she would try.

After an hour, when I was eating my pudding joyfully, my mom told me to be grateful to the deliveryman and asked me to look outside the window.

I saw the heavy rain and violently shaking trees, and I saw a yellow spot wet all over moving hard against the wind. I was deeply moved. I had never regarded delivery as a great job before.

What is more, the deliverymen were also those who returned to their jobs while the disease was rampant. They didn't rest when severe diseases threatened. Because many people were relying on them to maintain their normal life.

We can enjoy our common and comfortable days despite bad weather only because somebody else takes up all the trouble for us. No doubt, they are the bravest.

Thank you.

(234 词)

12

Hello, everyone! My name is Tiger. I am very glad to be here. Who is the bravest person in your heart? Maybe policemen, firemen, or doctors. Today I would like to introduce the bravest man in my heart. He is Mr. Mei Lanfang, who is known as a master of Peking Opera.

When I first heard Mei Lanfang's story, I was greatly surprised and very proud. During the War of Resistance Against Japanese Aggression, he refused to perform for our national enemy. As an actor playing female roles, he started to grow a beard! Facing the oppression, wasn't he afraid of the enemy? Wasn't he afraid of death? Definitely he was. But he never gave in. His indomitable spirit was widely spread among the Chinese people. That's the reason why I adore him deeply.

Now we are living in a peaceful era and many of us don't have any idea about warfare, but we need to remember that it was with heroes like Mei Lanfang that our nation has become so prosperous; it is heroes like him that have brought us a peaceful life; it is heroes like him that has greatly strengthened the Chinese people's determination to fight against our enemies. His prominent qualities deserve respect from people of all times. I wish to be as patriotic and courageous as Mr. Mei Lanfang.

Thank you.

（226 词）

13

Hello, everyone. I am Sunny. Who do you think is the bravest? For me, the bravest person is my mother!

I think the bravest thing about my mother was that she accepted the hardship of giving birth to me and my sister, both of us born by C-section. The scar is still there. I think it must have hurt a lot.

My mother, in order to give me and my sister a better life and a better education, works very hard every day and fights against difficulties!

My mother, in order to help me and my sister with our homework, fights a battle of wits and strength. We do our homework very slowly, and my mother is always there with us until we finish our homework. She goes to bed very late.

Once I had a fever. It was midnight and it was raining heavily. My father was out of town on a business trip. My mother put me on her back and ran downstairs, all the way to the hospital. I saw her anxious eyes and her sweaty face, and thought to myself, "My mother is really a brave person!"

There is a saying that goes "Women are weak, but mothers are strong." My mother is the bravest person; she loves me, my sister, and the family, so she is not afraid of any difficulty.

Thank you.

（229 词）

第五组

Not Ordinary, But Extraordinary

（第 20 届中国日报社“21 世纪杯”全国英语演讲大会高中组）

1

Life is full of trifles. We are all ordinary people doing ordinary things. We all strive to be outstanding, to be different, and to be extraordinary. Then how can we become extraordinary? My answer is to take up missions and fulfill responsibilities as a human being.

People regard it as such a commonplace thing for a woman to conceive a baby and become a mother. They'd say, "It's natural; every woman does it." But they ignore the fact that it takes a woman almost a whole year to bear the baby in her body and indeed a whole life to bear her child in her mind. A baby girl is born, she grows gradually, but is made a mother suddenly. She hesitates, doubts, fears, and pauses. However, she always takes up her mission and carries it on.

In pregnancy, a mother needs to be extraordinarily tolerant. Her blood pressure, her blood sugar, her immune system, her bone structure and all her physical conditions will change as the baby grows.

With her child in its infancy, the mother needs to be extraordinarily alert. She wakes up ten times in the evening to feed the little one, to check on it and to lull it to sleep despite her own sleep disorder, which might affect her whole life.

With her child in adolescence, the mother has to be extraordinarily patient waiting for him to mature. She swallows down her child's rudeness, reprimands and even harsh rebellion.

When her child has finally grown into adulthood, the mother has to be extraordinarily generous. Much as she expects her child's independence, she can't help dedicating all she has to his career, marriage, and even his own child.

Such are the requirements for a mother. Such are the qualities of a mother. Such are the extraordinary features with which the human species survives and thrives. And such is the mission of a human being.

We can never neglect our missions as a human being. As a common young girl, I will strive to be uncommon, to be different, to be extraordinary, but extraordinary in that I will take up the human mission, not only in passing down my life but also in passing what I have gained down to my next generation.

（376 词）

2

My mother is a community volunteer. She has taken up many roles in her commitment. In big days like the Spring Festival, she would visit the senior citizens in the local district and help them get ready for the new year. In terrible days like when typhoons hit, she would go to relocation sites and take care of the disaster victims removed there. In the stay-at-home days, she would wear white protective clothing and become one of the Dabais. Today, we have clean streets, fresh air, and fast transportation. Today, fewer and fewer people suffers poverty in our country. How come we can enjoy such safety and comfort? One saying goes like this, "Heroes are those ordinary people who make themselves extraordinary." My mother is one of the heroes and I learn from her.

Being a volunteer needs an understanding heart. The people that a volunteer serves are usually in some unpleasant situations. They would complain and even shout at the volunteers. Sometimes they would refuse their assistance. Therefore, a volunteer has to put himself in their shoes and become extraordinarily understanding.

Being a volunteer requires a generous heart. Everyone has his own job, family and life. A volunteer spares his time and energy. Many times he sacrifices his family time. Sometimes he shares his possessions or donates money.

Being a volunteer calls for a devoted heart. A volunteer's work is not just for a day or a month. Once he is involved in the volunteering service, he has been entitled to this name and hence has to carry the spirit on for a whole life.

There is no denying that being a volunteer is no easy job. But my mother has been doing it for almost ten years. At the beginning, I reproved and reproached her. Now, I appreciate and admire her. She is an ordinary woman, but she is accomplishing an extraordinary mission. I, as her heir, will inherit her ordinary appearance, but will also take over her extraordinary spirit. I have been a school volunteer for two years and I will be a social volunteer for life. This is not ordinary but extraordinary.

（356 词）

3

Emily Dickinson once wrote, "I am nobody! Who are you? Are you nobody too?" I would like to answer her, "Yes, I am nobody, too." The majority of us are nobodies. But it is undeniable that this majority of nobodies are the origin of the human species, the foundation of a great country, and the ingredients of this great world. The power of ordinary people is extraordinary indeed.

A hundred years ago, our country was deprived of peace and wealth. It was a group of unknown yet brave workers, farmers and students that used their astonishing power to establish a party, made extraordinary efforts to unite most common Chinese people and brought possibility to the new birth of a powerful country. They defeated warlords, overthrew corrupt governments, and drove away invaders. They underwent all difficulties, overcame all obstacles and in the end, completed a noble achievement that brought a whole new life to the ordinary Chinese people. A lot of them remain unknown to us even though they share a common name: heroes. They are ordinary, but their power is extraordinary.

Could you imagine that a country can eliminate extreme poverty in no more than a hundred years? How unusual for such a country in the world, because even developed countries like the United States of America still have one third of their people living below the poverty line. Who made it possible? Thousands and thousands of young adults, answering the call of the central government, gave up their comfortable and enjoyable lives in cities and rushed to the country's poor villages. Who are they? What are their names? We don't know. They are too ordinary to be noticed. But their power is extraordinary. With their collaborated endeavors, China finally eliminated extreme poverty in 2021.

An ant is so small and ordinary. Its power is negligible. But many ants together are powerful. A drop of water is nothing. Its power is minute. But many drops of water together are mighty. Most of us are nobodies. But we can make unbelievable achievements. The world is made up of all the small and ordinary things and people. Their power, if employed properly and exerted righteously, is extraordinary.

（364 词）

第六组

What I Believe In

（第 20 届中国日报社“21 世纪杯”全国英语演讲大会初中组）

1

The classroom was so noisy. The teacher shouted “Quiet! Quiet! Quiet” but in vain. She stared at her mischievous classmates and closed her mouth. One second, two seconds, three... Suddenly, the whole classroom calmed down. This is the power of controlled silence. This is what I believe in.

The power of controlled silence allows me to concentrate. In a noisy circumstance, if I keep silent, I'll be able to identify the information I want. When I am alone, I don't need any sound around me. Simply putting myself in silence and concentrating on my heart will allow me to reflect and find my inner self.

The power of controlled silence enables me to think twice. It is especially powerful when I misunderstand. When that happens, I close my mouth and think about my phrasing of the statement. Is it my problem because I phrased it wrong, or is it the other person's problem of misunderstanding? When I am about to flood others with my anger, I fall silent for a moment and respect the problem. Usually I realize a proper and more pleasant way to put the problem to an end.

Silence is the power of consideration and concentration. Shutting up my mouth gives me more time to consider the problem in an independent way. Stopping being talkative puts my focus on what I just said, what I should say, and what I'm about to say. So I hope that you will do what I do. That is, when you find yourself talking too much, stop, keep silent, consider and concentrate. You will find the best solution you are looking for. Silence is golden and it gives us the power that I believe in and that you will believe in too.

（292 词）

2

Imagine a life without communication. What would it be like? I have no picture in my mind, no logical one. I don't believe humans can live without communication. Communication is basically everywhere, every moment.

We talk to people around us every day. We share our lives. We express our feelings and thoughts. We inform our needs. We are living in a human society. You cannot create everything all by yourself. You buy things from other people. You learn things from other people. You live in a world created by other people. And how to live with them? How to live your life? Communicate.

Fundamentally speaking, communication is information exchanging. No one can read your mind, so you speak your thoughts out, others catch them, and give responses.

Easy, isn't it? Even a newborn baby knows to communicate. It cries, "shouting" to its parents, "Hey! I'm hungry! Come and feed me!" Babies do it, because they have to. Otherwise their parents would have no idea about their feelings, and they might not survive. It is an instinctive impulse.

However, communication may not be that easy on the other hand. Inappropriate communication is the arch-criminal of quarrels. Often, we start with good intentions and end up with bad quarrels. Communication is really about the way we say something, or understand it.

Communication is so necessary and important that I hope everyone can learn more and be able to communicate appropriately. We cannot transmit our thoughts straight from one mind to another, so the better we communicate, the more accurate the information will be, and the fewer problems will be caused.

（269 词）

3

An ancient Chinese philosopher said, "Man's nature at birth is good." Mahatma Gandhi, the leader of India's Independence Movement, said, "You must not lose faith in humanity. Humanity is an ocean; if a few drops of the ocean are dirty, the ocean does not become dirty." It is true that I have heard many evil stories of the world, but I still believe in humanity. Humanity is man's good nature. Humanity is what makes a beautiful world.

When we believe in humanity, we have the power to conquer fear. Take the kidnapping of women for example. Those who have daughters all fear this misfortune. But if they believe in the power of good human nature in general, they themselves are contributing bit by bit to the elimination of human trafficking. Fear doesn't help but humanity does.

When we believe in humanity, we have the courage to seek our future. Toward the sun, sunflowers bloom. Toward humanity, human beings thrive. Our belief in humanity gives us courage to seek, to fight, and to achieve our future.

When we believe in humanity, we have the promise of happiness. We have read many fairy tales and legends. The ending— "they then live happily ever after" —is the ultimate purpose that attracts our pursuit. Happiness is bright and shining. Happiness comes from humanity. Only when we believe in humanity can we have the possibility of gaining happiness.

A positive attitude brings a positive life. A positive belief makes a positive world. No matter how dark the night may be, we can still look upward toward the sky and see the stars. That's why I believe in humanity.

（273 词）

4

Here are two pictures of my daily life.

One sunny Sunday afternoon, my parents rush me to different extracurricular courses. "Kitty, get in the car!" "Kitty, quick." "Kitty, finish your lunch. Five minutes." I am a spinning top, under constant whipping, losing my passion and power.

One sunny spring afternoon, I sit in front of the window. No sound except the birds' chattering and the plants' budding. I talk to myself about what I have been doing and what I will do and I seek my inner incentives of life. I am meditating. An hour's meditation refreshes and renews me.

Which picture do you prefer? There it is. It is the power of meditation that I believe in.

Meditation is a kind of self-communication. Have you ever communicated with yourself? Have you ever listened to your heart? Have you ever emptied your noisy mind? Have you ever simply focused on one thing?

The answer might be "no" . The reason might be "we are too busy" . It is undeniable that our life pace is fast and that we are in a haste. We leave ourselves no time for talking to ourselves, no time for staying in solitude, no time for only doing one thing. Then, how can we have time to reflect and think?

The power of meditation is incredible. Through meditation, we talk to ourselves and discover our inner selves. Through meditation, we have a rest in between our fast tempos. Through meditation, we overcome fear and welcome solutions. Through meditation, we know who we are and where we are from and where we are going. And, with it, we reach our goal. Meditation is the power of life.

Thank you.

（281 词）

5

Some people are not remembered in history but they have a general name: heroes. Some people are not famed to the public, but they form the foundation of a country. They are unknown, they are small, but their enormous power is what we can believe in. Their power can do great things to our society.

A century or so ago, our country was in grave danger. A lot of brave unknown workers, farmers, and students used their power and combined it into one to make it an impressive power that overthrew warlords and fought the nations that exploited our people. They went through all difficulties. With their strength and power, these people, who were not famous, who were not special, completed such a noble achievement. But it is they who have brought us the happy life we live right now.

A few decades ago, the Chinese government was trying its best to eliminate poverty as it had promised. Thousands and thousands of young people chose to answer the government's call and went to poor villages to help the people get out of poverty. These unknown heroes devoted themselves to the work of lifting the people out of poverty, and with their power, we finally eliminated extreme poverty in 2021 and solved a huge problem that used to exist in our country.

I believe in the power of unknown and ordinary individuals because of their contributions to our peaceful and enjoyable life.

（240 词）

第七组

Saving Food, Saving the World

（第 19 届中国日报社“21 世纪杯”全国英语演讲大会初中组）

1

Do we eat stones? Certainly not. But some people do. I read a piece of news about an African mother cooking stones to feed her babies. Are stones more delicious than meat or fish? Certainly not. The mother has no other way. Her babies are starving. She is cooking stones to give them illusive feeding only. I know some Chinese proverbs, like “draw a cake and call it a dinner” and “look at the plums to quench your thirst” , but this was the first time I had ever heard about cooking stones to suppress hunger. I was shocked.

I was even more shocked when I found out some statistics. World hunger is on the rise. In 2018, 113 million people in the world suffered from starvation and 815 million regularly went hungry. According to the Food and Agriculture Organization of the United Nations, hunger has increased in least-developed countries and in those countries that face a blockade. Hunger has increased because of wars and conflicts, because of the climate change, because of natural disasters, and because of spreading diseases.

Everyone will be affected. No one is an exception, neither you, nor me. When I look into my bowl and see it's not a rock in it, I congratulate myself for my luck. What I can do to help the world is to start from myself and cherish every bit of the food I am given. I am sure that, with the collective effort of all the people on earth, we can save food and save the world.

（255 词）

2

My name is Carl. My mother is a successful businesswoman dealing in international commodities. But she had a very hard year in 2020. So did some of her business friends doing overseas food business. Worse was when imported food was tested positive for coronavirus and some people shouted: boycott of food imports. They called out, "No imported food. We have enough food."

When we heard this, Mother asked me whether I agreed and whether Chinese people should only eat "Chinese" food. I, as a young patriot, definitely agreed on everything Chinese. But my mother, as an international businesswoman, taught me a lesson. She said, "No one, no country is an island in the issue of food. Food shortage is the biggest problem in the whole world. Even China cannot be very optimistic. China still needs food imports. Saving food is saving the world."

I did some research and had some findings. China still relies greatly upon imported food, among which the main ones are soybeans, meat, and dairy products, accounting for 45% of agricultural imports. Last year, China's total meat imports grew by 58%. With such statistics, can we simply say no to food imports?

I don't think it is useful by calling for a boycott of food imports. What we really need to do is to start to save food. Mother is right. No one is an island in the food shortage crisis. Saving food is saving the world.

（241 词）

3

Have you ever visited a local food market? Or passed by the food section in a supermarket? Have you ever noticed the tons of food piled in a corner, ready to be thrown away, some half fresh, some half rotten? This is food waste, that is, food which is fit for human consumption is thrown away, often at supermarkets or by consumers. When I see wasted food and think of the millions of people still struggling against starvation, the topic “saving food, saving the world” rings in my mind.

Then how serious is food waste?

Food waste doesn’t just happen in supermarkets or families; it is a much wider global problem. The causes of food waste range from bumpy roads, to careless preservation, and to overly-selective customers. According to the Food and Agriculture Organization of the United Nations, an estimated 1.3 billion tons of food is wasted globally each year, amounting to 2.6 trillion US dollars and one third of all food produced for human consumption. More than enough to feed all the 815 million hungry people in the world!

The statistics shocked me and made me think. Reasonable consumption should be on the top of the list when it comes to saving food. The billions of tons of wasted food could have fed so many starving people. So I have decided. When I buy food, I will only buy a reasonable amount and will stop throwing food away. I will do this. My family will do this. Saving food is saving the world. To save food, so to save the world, is everyone’s responsibility.

（266 词）

4㊀

Everybody talks about not wasting food, so I happily swallow every bit of the food I obtain. However, I was killed by the fish I ate every day! I found that out when I traveled into the future in a time machine. My parents started feeding me fish when I was a baby. However, my fish was toxic. It contained radioactive caesium. It contained 5-milimeter microplastic particles. It contained all sorts of antibiotics. They all came into my body and murdered me. I was killed by my food! What about you?

This, of course, is an illusion. Or is it? No! Indeed! From on-farm production to our mouth, food contamination can occur at any point. The fish in the Pacific Ocean are trembling after Japan’s official announcement of dumping Fukushima nuclear waste into the Ocean. the WHO estimates

㊀ 此篇演讲稿共三稿，第三稿为最后定稿。

that 600 million—almost 1 in 10 people in the world—suffer foodborne diseases, and 420,000 die every year.

Therefore, saving food, for me, is more about protecting food from contamination. Food safety is a concern as big as food waste. I have gladly joined in China's "clear-your-plate" campaign to save food. I will also enthusiastically join in a future "clean-our-food-environment" campaign to save food. Mankind needs a clean world. Our food also needs a clean world. I have already started by doing small things. For example, I properly dispose of the masks I have worn against COVID-19. I do hope that in the future, no one will be killed by the food he eats. Saving food is saving the world.

Thank you.

（第一稿，261 词）

I had a dream one day. I traveled to the future in a time machine. What did I find? I was killed by the fish I ate. My children and grandchildren were starving! People were fighting for food. The world was facing extinction. What a pandemonium! It is certainly an illusion, but isn't it also a warning? Will the rampant food shortage bring the world down to hell? Shall we save food to save the world?

To deal with food shortage, we need to know its causes first.

First, it is food waste, resulting from bumpy roads to picky diners. According to the Food and Agriculture Organization of the UN, about one third of all food is wasted globally each year, more than enough to feed all the 815 million hungry people in the world.

Second, it is food contamination. the WHO estimates that 600 million—almost 1 in 10 people in the world—suffer foodborne diseases, and 420,000 die every year. Fish in the Pacific Ocean is trembling after Japan's official announcement of dumping Fukushima nuclear waste into the Ocean.

Therefore, saving food from shortage means both preventing food waste and contamination. I have gladly joined in China's "clear your plate" campaign to save food. I will also enthusiastically join in a future "clean our food environment" campaign to save food. I do hope that in the future, no one has to fight for the food he wants and no one will be killed by the food he eats. Saving food is saving the world.

Thank you.

（第二稿，249 词）

I was killed by the fish I ate every day! I found that out after I traveled into the future in a time machine.

My parents started feeding me fish when I was a little baby, for they believed in the omega-3 fatty acid in fish, which helps brain growth. I loved eating fish. I couldn't live without fish. However, my fish was toxic. It contained 5-milimeter microplastic from the masks we had worn against coronavirus. It contained radioactive caesium. It contained all sorts of antibiotics. They all came into my body and murdered me.

Of course, this is just imagination. But the truth is cruel. Our food is in danger. Our food is not safe. According to the World Health Organization, the great majority of people will experience a foodborne disease at some point in their life. The Centers for Disease Control and Prevention estimates that each year 48 million people in the U.S. get sick from a foodborne illness, 128,000 are hospitalized, and 3,000 die. And, in developing countries, 500 million people, including you and me, are at risk of chronic exposure to a mold called aflatoxin, which causes cancer. In Kenya, only 20 percent of corn is safe due to aflatoxin contamination. From on-farm production to our mouth, food contamination can occur at any point along the way.

So you see, there IS the possibility of me being put to death by my fish. The issues around food safety cannot be understated. We must save our food before we human beings can save ourselves. To save our food is to safeguard it, to protect it. Saving food is saving the world. So let's save food, keep it safe, and by so doing, save ourselves, save the world.

（第三稿，293 词）

第八组

No Pains, No Gains

（第 17 届中国日报社 “21 世纪杯” 全国英语演讲大会小高组）

Good evening, ladies and gentlemen. It's my great honour to be here and present you with this little speech of mine, "The Stone, the Stumbling Block That Makes the Brave Sturdy and Strong" .

Two scores of years ago, China started to "cross the river by feeling for the stones" . And it has reaped tremendous fruits. Forty years ago! That was long before I was even born. But what our people have been doing, that is, "crossing the river by feeling for the stones" , is so real, so true, and so endearing to me. I am a primary school student. My parents started to speak to me in English very early, but it was not until two years ago that they wanted me to begin earnest English reading. Soon they threw me books that seemed too hard. How hard? Just a quote from the book *Mr. Greedy* as an example: "Over on the other side of the table stood... a huge enormous gigantic colossal plate, and on the plate, huge enormous gigantic colossal sausages the size of pillows, and huge enormous gigantic colossal potatoes the size of beach balls..." , etc.

You see. Just the words themselves were huge enormous gigantic colossal stumbling blocks for me! Should I give up? Should I turn around and run away from these obstacles? No way! Dad and Mum always say that if I am brave enough and push ahead, I can wade across the river. So I braved along. I stumbled. I toppled over. I fell headlong into the water and almost got drowned. But I never gave in. I pulled myself up. My feet took firm grips on the stones. And I pushed forward. And now I have finished Roald Dahl, David Walliams, and over a hundred English books. Just as our country has reaped tremendous fruits through crossing the river by feeling for the stones, so have I reaped mine. And, most importantly, I have come to know that the stones I came across have actually offered footholds for me.

Yes, stones are obstacles. Stones are snags, stumbling blocks, stops. But to the courageous, they will at last turn into stepping stones, substructures that support. Stones make us sturdy and strong. So, ladies and gentlemen, let's be brave, feel for the stones and cross the rivers. Thank you and wish you a good evening!

（389 词）

第三类

“外研社杯”中小学生英语阅读大赛演讲稿

“外研社杯”中小学生英语阅读大赛也称“外研社杯”中小学生英语阅读展评，是我国主要的英语演讲比赛之一，每年举办一届，旨在培养学生英语阅读兴趣、提升英语综合能力、增强竞争意识和自信心、开拓国际视野。除初赛以外，主要形式为演讲，同时包括阅读指定用书、改编故事、绘制思维导图等要求。

1

Good afternoon, my name is Amy. Have you heard of Aladdin's story? You must know that the prince had a magic carpet that could fly. But do you know how to make such a carpet? I know. Let me tell you.

I was born to a family of weavers. We have kept a secret of making a flying carpet. If you want to make a flying carpet, you need some special cotton, which only grows where the Lion King Simba lives in Africa. You have to tell him the story of The Lion King and he will give you the cotton.

Then you need the weaving machine. You have to go to China, where Mulan lives after she came back from the battlefield. Now she is a wonderful machine maker. But she is so lonely and always wants to fight even though there's no war now. So you need to fight her. If you win, you can get the powerful machine.

You also need paints. Where should you go? Oh, you have to ask Cinderella in England. She is very good at making paints. She is very kind and willing to help.

Finally you need the magic power. This is so hard. You might be in need of a submarine to go deep in the ocean to find the witch who gave the Little Mermaid the magic liquor. She can make the carpet fly.

Now you know how to make a flying carpet. If you make one, I would like to give you a million dollars to buy it. How about that?

（263 词）

2

Hello, everyone. I'm XX. My favorite story is "The Dream Bank". After reading the story, I'd like to open such a bank too and I'll be the president.

Everyone has countless dreams in his life, and many dreams are even more wonderful than Hollywood blockbusters. However, movies can be made into VCDs or DVDs that can be taken out whenever you want to watch them, but not dreams. What a pity! So I'd like to open a dream bank to let people keep their dreams forever.

Each guest who comes to the dream bank must use a dream machine first to extract the dream he wants to store from his memory. Put on a dream helmet, choose the type of dream, such as dreams of memory, dreams of fantasy, dreams about pets, dreams about school..., then the computer will automatically complete the dream extraction. How's that? Is it similar to the function of an ATM? Next, set up an account, deposit your dreams in the bank, and take them out to enjoy whenever you want.

Imagine. When you are old and retired, feeling lonely and bored, you withdraw a sweet dream of your young age. How happy!

My dream bank also provides "dream lending" services. Anyone who wants to have a good dream can borrow one. In this way, everybody can have a good dream every day.

I sincerely wish all the people around the world a nice dream every day, so that my banking business can also thrive.

Thank you.

（252 词）

3

Hello, my name's XX. Long ago, Hans worked hard for a rich man. One day he set out to visit his mum. His master gave him a lump of gold as big as his head. On his way home, the gold was too heavy and he was too tired. Then he traded it for a horse. He was relieved and went faster. But he didn't know how to stop the horse and fell off. He liked milk, so he traded the horse for a cow, but the cow gave no milk. Then he traded the cow for a pig, the pig for a goose, and the goose for two mill rocks. But the rocks fell in a deep pond. Finally, he got home with nothing.

When I first read the story, I felt so sorry for Hans: poor boy. I also wonder why the story is called "Hans in Luck" ? I even think he was silly, since each time the things he got from others were less valuable than what he gave to them.

However, the more I read the story, the more I started to think. For

Hans, happiness was not necessarily related to wealth. Maybe without anything, Hans might feel much freer and go faster. If he had kept the gold till he got home, it might had made him listless, taken him longer to get home and see his mum, and given him less time to be with his mum.

What else I learned from the story is that a positive attitude is very important. Each time Hans got a new thing, he always said, "What luck!" When something was gone, he also told his mum he had had good luck. Therefore, we should be positive whenever and wherever we go.

Thank you.

（296 词）

4

Hello, everyone. I'm Sunny. One evening, I didn't want to do my homework and I was reading Aladdin's story. "Oh, I wish I had Aladdin's lamp," I said to myself and fell asleep.

In my sleep, I saw a shining golden teapot. "Oh, dear, isn't it Aladdin's magic lamp?" My heart was beating fast. I picked it up and rubbed it. Sure enough, a thick mist came out of the spout, and a huge genie emerged.

"My master, what's your wish?"

"Oh, my God. It's real." I thought of my homework and asked, "Could you make my homework disappear?"

"As you wish, my master." Instantly, all my homework was gone. Wow!

I'd like to watch cartoon movies; I'd like to play outside; I'd like to... Countless ideas. But just as I was going to try another wish, my mother came in and nagged, "Don't eat junk food, don't watch TV, read more, blah blah." I was so annoyed and shouted, "Go away, Mom." What! My mom disappeared. I was startled. I searched around the house. It was darkness outside and it was silence inside. Oh, no. I called, "Mom." But she didn't appear. Suddenly, the home became so silent, so strange and so fearful. I began to miss her. I began to cry.

I quickly rubbed the lamp and wished loudly, "I want my mother back." But the lamp didn't work. Mom didn't come back. I got scared and cried, "Mom, where are you? Please, please come back."

"Wake up, wake up, Sunny. Go and take your shower. Finish your homework and go to bed." My mother's familiar nagging voice was so nice and sweet. I gave her a big hug. It was so warm, so happy.

Thank you.

（289 词）

5

Hello, everyone. I'm Sunny. Not long ago, I took part in an English competition "The Star of Outlook" . In the Q&A session, a judge asked me "What does your mother like best?" The answer popped up and I said, "Her mobile phone." We all laughed.

Smart and functional, mobile phones have become popular all over the world. People can use mobile phones to surf the Internet, update their personal blog, and upload their latest photos anyplace, anytime and so on. I saw my mom book a taxi with her phone and the taxi was in front of us in a few minutes. I saw my mom simply sitting at home, ordering on her phone, and then a big meal came to our door. I saw my mom taking a picture of my homework, and her phone told her the answers right away. So, no wonder mobile phones have become part of our life.

But I hate them sometimes. Do you know the word "phubber" ? They are people watching their mobile phones on the subway, bus, park, during the conversation, at a party, even walking on the road. My mom is one of them. "Mom, could you take me to the park, please?" "Hold on a second." My dear mom concentrating on her phone then forgot it. "Mom, what's the smell?" "Oh, dear, the food is burning." My mom was checking her Wechat while cooking. "Mom, where is my school uniform?" "Umm, I will find it later." Then I waited and waited and had to ask her again and again to drag her away from her cell phone. It feels like my mother has been taken away by her dear phone.

The furthest distance in the world is not the remotest corners of the globe, but that between you and me when I stand in front of you but you are playing with your mobile phone. I hope all of us can become the master of mobile phones but not be mastered by them. Thank you.

（336 词）

6

Hello. My name's XX. What do you think of foxes? Sly, right? The most you may have heard about a fox is that a hungry fox got a piece of meat from a crow by praising its voice and letting the crow sing. How foxy it is! But today I'll show you a different fox.

Fox had a farm, but he didn't like farming. So he let some sheep farm his land for him. The sheep suggested they could keep some of the food, and asked, "Can we keep the top part of the food or the bottom part?" "The top part," said Fox. The sheep put corn seeds in the soil. When the corn was high, the sheep cut it down. Then they took the corn roots to Fox. Fox was cross and let the sheep keep the bottom part of the food the next year. This time, the sheep put turnip seeds in the soil. When the turnips were big, the sheep dug them up. So, what Fox got was turnip tops! Fox was cross again, "This is not food."

Do you like the story? We know the sheep played a trick on the fox. I've learned a lot from this story. Firstly, we should be sincere any time. Foxes always get what they want by cheat or tricks, so nobody trusts them anymore. Secondly, it reminds me of the saying "No pains, no gains" . We should gain our own achievements through our own efforts. Fox was very lazy. He had his own farm, he wanted food but didn't do any work himself and let others do it for him, so he got nothing in the end. Last but not the least, wisdom is the key point. We should think twice before we act. The sheep beat the fox by its own cleverness.

See? A small story has great truth. Thank you.

（315 词）

7

Hello, everyone. My name is _____. My speech today is "Do we need a cleaner for our blood?" .

One day, I attended a conference. A scientist was talking about his latest invention. He showed us a picture. All the audience gasped at the picture. It was monstrous. A round head but with hard, sharp sticks, weird hair all over its cheeks, jaw, neck and even nose. It stared at us, mouth wide open, scary but funny. We were very curious about it. What was that? A newly discovered lizard? A strange dinosaur? A big monster? An alien? A heated discussion burst out in the auditorium.

The scientist asked some questions. "Anybody has high blood pressure?" "Anybody has high blood cholesterol?" "Anybody has high blood fat?" "Anybody has high blood sugar?" Many people raised their hands. It is true that cardiovascular diseases have been the first killer not only in the USA, but also in the whole world. The picture the scientist showed us is a robot cleaner to help clean our blood. It is very, very tiny. Too tiny to be seen by naked eyes. After it enters our blood system, it will identify blood cholesterol and blood fat, then destroy them, turn them into a kind of garbage that can be removed by our blood vessels. In other words, these little robots will be the most diligent and effective cleaners in our veins. We will become healthier.

This is an amazing part of science. Many scientists are devoting their lives to helping human beings stay healthy. We have already had many new discoveries and inventions. We can transplant organs now. We have many new medicines. Computers are helping with surgeries. This tiny robot cleaner is just one simple example of the development of science and technology. I hope that one day I can become a scientist and make our life better. Thank you.

(314 词)

8

Hello, I'm David. I'd like to tell you a story about a little fish and the sea.

Once upon a time, there was a little fish living in a brook. He swam here and there every day, almost covering the whole stream. But he felt bored and lonely and wanted to go to some place abroad.

One day, the little fish heard people talking about how vast the sea was. He was very excited and thought: I must go to see the great sea. So he set out. He swam and swam, down the stream, down the river, and at last to the side of the sea. The sea was as wide and as bright blue as the sky. Seagulls were circling over the sea. The little fish wanted to stay there and asked the sea if he could. The sea said, "This is a paradise for fish, but also a dangerous place for them. Are you sure you want to stay?" The little fish said yes and swam into the sea.

The little fish was almost immediately swallowed up by fierce waves. But he followed a school of fish closely and stayed away from dangerous waters. When a dangerous big fish came, he hid himself in the crack of a rock. From then on, the little fish was very careful every day. He made friends with crabs and shrimps and learned skills from other fish as well. The little fish faced many difficulties, but he lived a joyful and happy life in the sea.

In the human world, many people may fear that the cost of success may be too high. However, no cross, no crown. This is what the little fish's story tells us. It tells us: Don't think too much, but go ahead and do it.

Thank you.

（301 词）

9

Hi, everyone. I'm Jordan. After Aladdin found his precious princess, they defeated the wicked sorcerer and got the magic lamp back. Then they made a wish and let the genie take them home. There they lived, happily ever after. But what about the genie?

Aladdin and his princess decided to set the genie free forever. The genie was very happy and said, "A thousand thanks to you, my master. You can make the last wish before I go." "Oh, that's very nice of you, but let's give this precious chance to the most sincere child in our kingdom."

Who is this child? Yeah, it's me.

And my wish? I wish my mom to be happy every day.

My mom and I used to be very happy. When I came back home from the kindergarten, we often went to the park together, and on weekends, we would drive to a fun place and play there for a whole day. At that time, my mother always wore a charming smile and laughed a lot. I really enjoyed every day. However, ever since I went to primary school, I have seldom seen my mom laugh. When I come home from school, she only urges me to do my homework. My handwriting is not good. That annoys her. I can't do my homework quickly. That angers her. Now I'm afraid of my mom. It seems as if she were a stranger to me now.

But, I still love mom very much. So, I wish—I wish to make mom happy. The genie said he would help my wish come true. He said I only need time to get better. He said I could tell my mom this: Mom, please just wait for me with your sweet smile.

Thank you.

（295 词）

10

Hello, everybody, I'm Hennessy. You must have heard of the story "The Emperor's New Clothes" and know that a child pointed out the truth that the emperor had nothing on. But do you know what happened next? Let me tell you.

After the child pointed out the fact, the emperor was ashamed of his own silliness. He ended the parade and went back to his palace. He said to the fake dressmakers happily, "The clothes you made for me are really wonderful! My people are too stupid to see the clothes. You two did a great job! I'll reward you more!" The fakers were glad and said, "Thank you, Your Majesty. It's our honor to make clothes for you." The emperor nodded and smiled, "I have decided to give you the most beautiful clothes in the world, the ones you made for me. Since you feel honored to make clothes for me, how about making some others of the same kind? Then you put them on, come and see me every morning. I can also enjoy them all the time."

The fakers, of course, were unwilling but couldn't say anything. They had to obey the emperor. Now, everyone in the palace could see the two fakers walking naked every day.

From this story we know that it's not right to cheat. Otherwise you'll be punished sooner or later.

In this story, I like the child best. Only he told the truth. Often adults know something but dare not say it out for different kinds of reasons: they say "that's none of my business" or "that costs too much" or "that won't benefit me" . We kids are the purest. I hope I can keep my honesty and fearlessness while growing up.

Thank you.

（292 词）

11

Hello, I'm Sam. Today I'd like to share a story with you, that's "The Tinderbox" . It's about a soldier and an old witch.

A soldier met a witch. He did what the witch asked him to do. He climbed into a tree hole and passed through three rooms, and took lots of gold away. He got a tinderbox for the witch too, but the witch refused to tell him where it went, and he killed her. From then on, the soldier had nice clothes to wear, helped the poor, and made many new friends. But when he ran out of money, he had to move out of his nice house and went into an attic. What was worse, his friends stopped coming to see him. By chance, he found the tinderbox could bring out three magical dogs, and the dogs could do anything. With the three faithful dogs, he became rich again. Later, the soldier met and fell in love with a lonely princess living in a copper palace. After some twists and turns, the soldier became the king and married his beloved princess.

We should be brave to get what we want, whether wealth or love. We should help others, and then we'll be supported in return. Though there are some friends for money, there will always be a true friend giving a hand. We know in our real life, there is no such tinderbox, but I believe the three brave, smart, loyal dogs do exist. They may be our kind parents, selfless teachers and helpful friends around us.

Thank you.

（258 词）

12

Hello. My name is Steven. Many people must have heard or read about Aesop's fables. Do you remember the fox and the grapes? The fox could not reach the grapes and said, "The grapes must be very sour." When my mum told me this tale, she warned me not to be greedy and not to judge things only from my own view. I am very grateful to my mum, for I had a story of my own grapes and I almost gave up a good opportunity.

Last month, many of my classmates took part in the Star of Outlook English competition. I didn't. At first, it was because I was busy at playing. Later when my friends were preparing for their speeches, they were chatting very happily about how exciting the competition was. I simply frowned and said, "There must be no fun in the competition. It must be a bad competition." I stayed far away from my friends. I watched them preparing. I watched them getting more excited. I watched them going to Hangzhou. I was not only envious. I was almost angry. After a few days, they came back with prizes and awards. They had stories to share. They had made progress in their English. They were praised by teachers and parents and other students. I suddenly realized that I had become that fox. The competition was rewarding. I was near sighted. I was the fox who could not reach the grapes. I remembered what my mum had told me. So when I heard there was another English competition going on, I quickly took the opportunity and I am standing here, reaching for my grapes. I am sure, the grapes are not sour. Thank you.

（285 词）

13

Hello, everyone. My name is Henry. Have you read *Stories from The Arabian Nights*? There are many wonderful stories in this book, among which what impressed me most was the story "The Fisherman and the Genie".

A long time ago, there was a poor fisherman. Though he was poor, he never gave up working. One day, the fisherman went to the sea to try his luck again. He cast his net again and again. The first two times he came up with an empty net. The last time he pulled up a vessel with a leaden stopper, bearing upon it the seal of King Solomon. The fisherman released the seal but out came a frightening genie. The genie had been sealed in the vessel by King Solomon and was angry about that. He wanted to kill the fisherman. But the fisherman reacted quickly and tricked the genie back to the vessel.

I have been impressed by this story ever since I heard it a long time ago. The hard work of the fisherman has always encouraged me. I know that I shall never give up even if my efforts have not brought me any gains. I know that as long as I try I will finally accomplish my goal. The wit and the intelligence of the fisherman have always inspired me. I know that I shall work out a solution when faced with a problem. I know that there will be a way out even in a devastating situation.

Never give up trying. Never give up working. This is what I have learned from this story. And this is one of the many lessons that I have learned from reading fairy tales and stories. I shall carry on, keep reading, and I will certainly gain all the greatest blessings.

Thank you.

（301 词）

14

Hello, everyone. My name is William. The Brothers Grimm are the world's well-known brothers. Their fairy tales are the world's well-known fairy tales. They wrote so many great tales. I like all of them. I like their animal tales most. There is one animal tale, a very funny one and very clever one. It is called "The Bremen Town Musicians" .

Once upon a time, an old mule was tired of work. He decided to go to the Bremen Town to become a musician. On the way, he met a hound, a cat and a rooster. They were all tired of their life and agreed to go to the Bremen Town together. On their way, they saw a shining bright house. They went inside and found it was a robbers' house. There were many good things in the house. They decided to stay in it. They sang their songs and frightened away the robbers. They stayed there forever.

I like this tale very much. I have learned that we can change our lifestyle when we feel tired. We can search for a new way to stay happy. If we keep looking, we can finally find a place to go. I have also learned that being able to sing is wonderful. Singing can bring us friends. Singing can bring us chances. Singing can bring us happiness. I started to love singing after I read the story. Maybe one day I will become a great musician and I will have friends to sing together with.

Thank you.

（255 词）

15

Hello, everyone. My name is Losie. I love stories. I love fables. I love fairy tales. One day, when I have a map of all the fairy tales, I will take you to see many different things.

Where can we go? Oh, it must be all the castles. There is the castle where the sleeping beauty sleeps. It is all covered by green trees. In spring, there will be colorful flowers. Our second castle can be the one where the beast lives. He closes the castle with roses. Don't pick the roses or you will be kept in the castle by the beast. Our third castle can be the one where Snow White lives with her prince. Look! The seven dwarfs also live there. They are singing and dancing.

Who can we see then? Oh, they must be the princesses. Let's first go down deep in the ocean. We can visit the little mermaid. Is she sad there? Is she happy there? I will give her a hug. Then, let's go to visit Cinderella. She is living with her prince. Does she have babies? They must be cute and lovely babies. What about going to visit Elsa and Anna, the sisters in the frozen palace? Let's play snowman together.

What a wonderful world of tales. I love fairy tales.

Thank you.

(221 词)

16

Hello. My name is Jessica. I love reading Snow White very much.

Everybody knows that Snow White and the prince later lived a happy life in the palace, while the evil queen hid herself in the forest because she had become very ugly. Then what happened to her? Do you want to know? Let me tell you.

The evil queen lived in the forest. She had no money. She had no food. So in order to live on, she killed many animals to eat. One day, she saw a rabbit. "What a lovely fat rabbit!" she thought. "It would make a great meal." So she chased the rabbit. But the moment she caught the rabbit, a witch appeared. The witch shouted, "Let the rabbit go. Re—lea—se!" The rabbit flew to the witch suddenly. The queen was shocked. The witch was very angry with the queen, because the rabbit was her pet. At first, the witch didn't want to forgive her. But the queen knelt down, cried, and begged the witch for forgiveness. She made up a sad story. She said she had been driven out of home by her daughter Snow White. She lied to the witch and won her sympathy. The witch said, "I would help you if what you said is true." The queen swore, "If I lied, I would be killed by a lightning." When she said that, she heard the sound of thunders far away. But she didn't care. She wanted to revenge so much. She kept talking about how evil Snow White was. The sound of thunders came nearer and nearer. Crack! There flashed down a bright lightning. It hit the queen right on her head. She fell down and died.

So you see. This is the end of the evil queen. Every fairy tale teaches us a lesson. Never lie, or you will die.

Thank you.

（314 词）

17

Hello. My name is Rannia. Painting is my favorite hobby. I read many stories about painting, among which the story of Maliang amazed me most. I always imagine that I would have a painting brush like Maliang's.

One evening, at about nine o'clock, I was painting in my room. I heard my mum calling, "Rannia, it's time to go to bed." I didn't pay attention. My mum called again, "Rannia, it's too late. You need to go to bed." I carried on with my painting. My mum was shouting, "Rannia, you must go to sleep right now." Oh, how I wish I became Maliang's painting brush that would never need sleep.

Suddenly, I found my body becoming thinner and thinner, my head becoming a brush, and my legs becoming its stick. Oh, I had become a painting brush. I was so happy. I painted a big castle and everything wonderful in the castle. I painted delicious food. I painted beautiful clothes. I painted lovely birds and animals. I painted a wonderland. I opened the door. Many people came into my castle. There were policemen, doctors, teachers, students, and poor kids. They had a big party in my castle. Everybody was so cheerful. They had enough food and clothes, and they didn't have to worry about anything. I was happy too.

But with the darkness falling down, everybody went to their room to sleep. The hall of the castle became quiet. I was sleepy too. I yawned. I wanted my mum. Then I heard a nice, sweet voice, "Oh, poor Rannia, you must be tired. Let me take you to your bed." My mum! I rushed into my mum's arms. I suddenly realized, even in a fairy tale, without mum, no life is wonderful. I love you, mum.

Thank you.

（301 词）

18

Hello, my dear friends. My name is Robin. I am a girl fascinated by all those beautiful fairy tales. They show me the wonderful world of humans and animals. They show me the unknown universe of planets. They even show me that I could use my imagination to create my own stories. Here is a story I would like to share with you.

One day, I went to Sanya, Hainan with my parents. I went diving to see the amazing sea world. I went down and down and saw a girl waving to me. I swam closer to her. Wow, a little mermaid! She was smiling to me. She gave me a nod and a gesture. I quickly followed her. Soon, we approached a big rock. The little mermaid touched the rock, and the rock moved. It was the door to a big, shining palace. I went inside and saw many mermaids and a lot of unbelievable fish and sea animals. Some of them I had seen only in museums because they had gone extinct. I was surprised and puzzled. Then, the little mermaid told me the truth. Wow, this was the palace to protect rare sea life. They could live there far away from killing and dying. It was simply a live museum of all the sea life in the world. Deep down in the ocean, the little mermaids shouldered the responsibility of protecting sea life. So they built this secret palace to save them. But they found their job becoming harder and harder. They needed to tell human beings to join them to protect sea life. I was chosen to pass the message because I believe in the imagined world. I felt so honored and promised to tell people around. So here I am, standing on the stage, telling you all: Please let's work together with the mermaids to protect sea life.

Thank you.

（318 词）

19

Hello, everybody. My name is Venus. I am a girl who loves flowers. Do you know why? A long time ago, I learned from a tale that there in this world is a flower with seven colors, a flower that can make your wishes come true. Since then, I have fallen in love with flowers. I wish that I could have a flower with seven colors.

I would go to my school and tear one petal of the flower and make a wish. So my teachers would not give us too much homework.

I would stay at home and tear one petal of the flower and make a wish. My parents would stay young and healthy forever and my baby brother would become very smart.

I would go to polluted areas, tear one petal of the flower and make a wish. So the rivers would become clean, the sky would become blue, and the forests would become green again.

I would go to poor places, and tear one petal of the flower and make a wish. So there would be many buildings for the poor people to live in and much food for them to eat. They would no longer be hungry or cold.

I would go to places with wars. I would tear one petal of the flower and make a wish. So there would be no fighting, no killing and no bleeding. Everybody would live a peaceful life.

I would keep the last but one petal for the world. If the world is in danger one day, I could use it to save the world. But I would use the last petal for myself. I wish I would become a very kind girl in the future.

Thank you.

（290 词）

20

Hello, everyone. My name is Penny. I love reading fairy tales very much. Over these years, I have read hundreds of fairy tales and have been attracted by them so much. They have brought me many benefits, among which is the relaxing space away from homework. I always read fairy tales when I feel tired of homework. They have worked a lot of wonders on me. One of the wonders is that I can always find something to write for a composition.

If I am asked to write about a building, I will write about the palace in which the Beast lives. It is huge and giant, full of darkness and mystery. I can describe the castle in which the sleeping princess sleeps. I can also picture the houses that the three animals build.

If I am asked to write about a person, I will write about Snow White. I can write about the kind and sweet Snow White. I can write about the evil and powerful queen. I can write about the loyal and hardworking seven dwarfs. I can even write about the hunter who doesn't want to kill Snow White.

If I am asked to write about an animal, I will write about the sly fox. There are so many sly foxes in tales. I can write about poor little animals, like the rabbit and the turtle. I can also write about the evil and ugly animals like wolves.

So you see, reading fairy tales does bring me a lot of ideas. I would never be short of pictures and stories. I myself have become a good fairy tale maker and teller as my knowledge of fairy tales grows.

Thank you.

（283 词）

21

Hello, everyone. My name's Anna. Today I want to talk about "Beauty and the Beast". Long ago, a handsome prince had many treasures, but he often felt cross and grumpy. The prince made a promise to an old woman but didn't keep it. The old woman gave a lesson to the prince and turned him into an ugly beast.

Meanwhile, at the other end of the country, a merchant was setting off on a long journey. One day, he got lost and slept in a big palace in the forest. The next morning, the merchant picked a rose for his daughter in the garden. Then, the house owner, the Beast mentioned before, appeared and requested the merchant to send him one of his daughters. The merchant returned and told this to his three daughters, but only the youngest girl said yes.

What happened next? Did the Beast do something terrible to Beauty?

No. She was at first frightened. But the Beast said to her, "I know I look frightening, but I won't harm you." So they read, painted, played together and had a great time. She slowly grew fond of the Beast.

I'm sure you've got the rest of the story. Due to the true love, the Beast turned back to the prince and they both lived happily ever after.

The prince had been punished for breaking his promise and learned to be kind. Beauty was loved for keeping her promise and goodness. Now, I know it's a story of promises broken and promises kept, of beauty and ugliness, and of love and kindness. A promise is a promise. We should always keep our words.

Thank you.

（278 词）

22

Hello, everyone. My name is Eileen. Look at me. I am a tiny little girl. I like reading fairy tales, and I feel a lot in common with the little girls in fairy tales, like *Little Red Riding Hood*, *Snow White*, *The Little Mermaid*, and *Cinderella*. Like many girls in the fairy tales, I am not very strong, I am not very powerful, and I am a little poor girl. Often, I am not confident at all. Sometimes, I feel sad. I wish I could have a happy life like the girls in the fairy tales. But the story of *Cinderella* taught me a lot and has changed me.

Do you know how Cinderella got this name? Her real name is actually Ella. After her father died, she had to do a lot of household work. She got dirt all over her, on her head, on her clothes, and on her shoes. She looked so dirty, and her face and hands were dusty. Therefore, people put "cinder" before her name "Ella". "Cinder" means "dirt and dust from coal". That's how poor Cinderella got her name.

But did Ella become a poor girl because she became Cinderella? We all know what happened to her. She didn't give up. She loved life. She had a kind heart. She was always confident. Her charming personality led her to a beautiful life in the end.

I got to know the tale and I started to understand myself. I should stop feeling sad or disappointed. I should stop feeling miserable. I should start to cheer up. I should look at the positive side of my study and my life. I should start my marvelous days.

This is what I have gained from reading fairy tales. Thank you.

（293 词）

第四类

WSDA 原创演讲比赛演讲稿

WSDA 辩论与演讲比赛在中国赛区有较多的参与者。WSDA 原创演讲（Original Oratory）比赛分初中组和高中组，初中组演讲时长为五分钟，高中组为十分钟。比赛要求演讲稿为原创，可自由选择话题材料，但直接引用他人演讲词或文稿的内容不得超过 150 词。演讲不得使用 PPT、道具等，评分将依据文本有效性和讲演效果进行。需要说明的是，这里的演讲稿存在直接引用文献语句的情况，但均是练习稿，未参加正式比赛，且写作时已注意了控制引用的量。

1. Thinking on Talking

The classroom was filled with voices of kids reading aloud. Mine was very distinctive. What was I doing? I was chatting to my classmates around me. "You know, I feel like I could have gotten a hundred percent on my English test last week! English tests are all too easy!" "Eh, I heard that Lucy likes Leo in Class 3." "I played a game last night..." "Tap, tap, tap!" I looked up and met the teacher's angry eyes.

Then I was moved to the last row. I started to reflect on my present and my future.

Talking is always so appealing because it doesn't require thinking or doing a lot. What I need to do is just open my mouth and pour out all the ideas in my head. It is such an easy thing.

But, after thinking twice, I now realize that talking much is a sign of lack of confidence. This is a kind of "attention-seeking" . However, the attention gained by talking is often superficial, and will not win them real respect. If we want to bring positive influence on others, we should first improve ourselves and do our things in a practical way.

Therefore, before talking about our success and achievements, we should make a detailed plan of action. If I really want to be the best in my class, I should make a good daily learning plan, and read aloud during the reading time instead of talking about something neither useful nor meaningful. Being able to do something well is a lot better than talking about something in the air.

In addition to making changes in our actions, we also need to be careful with our words when we talk to others. Plan our statements, and think about whether or not our words are rational, or whether or not these are vain words born of momentary emotions.

Speaking empty words, or gossiping, will ruin our logical thinking. As the Chinese saying goes, "gossip stops with the wise" . If each of us can think about the truthfulness and the meaning of our words, we will definitely cultivate not only our behavior but also our way of thinking. Talk only when we do have good ideas. Otherwise, I would keep my mouth shut.

Thank you.

（377 词）

2. Heroes in the New World

Do you want to be a hero? I do. Since I was very little, I have been told stories of heroes. But can we be a hero whenever we want? Well, first, let's take a look at the world.

The world is complex. We have been taught to be kind and helpful and heroic from an early age. But at the same time, we should be aware of bad people taking advantage of our kindness and heroicness.

Imagine you are walking on the road and a young lady asks you for help, saying that she has taken her puppy out for a walk. The puppy has run away to a very dark place and she hopes you can help her find it. Would you say yes? Being heroic, you would. So you walk into a dark alley with her, but there you do not see any dog at all. Instead, the woman's accomplices pull you into a car and drive to some unknown and remote place. The hero is kidnapped.

This type of deception has been reported, and kind and heroic people have ended up with demonic abuse. Fraudsters try to pull you off the street. Carpooling with strangers leads to kidnaps. Traveling to countries like Burma traps you in fraud business. Even in the airport, when someone simply asks you to help look after his luggage, you could be on the hook for drug trafficking because that suitcase is full of ice.

I'm not being an alarmist. These are events that have actually happened. Behind these cases is a bloody lesson: being heroic might mean inviting danger. So here I am saying, before we do something heroic, we must learn to think and protect ourselves.

I have always believed that good triumphs over evil. However, before we reach out our hands to others, we must think, and think carefully. Examine whether the surrounding is safe, whether there is any possible danger, and stay vigilant. That is another, and correct, kind of heroicity.

Think about this: if a person really needs help, why doesn't he turn to the police but to us, especially when we are young and weak? The police have professional equipment and they are more capable; they are not only more efficient to help solve the problem, but also likely to keep people safe. Many times, helping others by calling the police is also heroic.

Secondly, we need to have a clear estimation of our own ability. When we see someone falling into a river, even if we can swim, are we capable of rescuing the person struggling and panicking in the rapid water? It seems unlikely for me, someone without professional skills and super physical fitness. Jumping into the water recklessly will more likely worsen things and cause more than one death. That is not heroic.

Finally, I would like to say that it is not a shame or selfishness to decline a stranger's request. We have every reason to say no to unknown dangers, and it is rational to avoid getting ourselves in trouble! Saying no and thus escaping possible evil forces is a great heroic deed!

We should keep a clear head. Of course we should be generous when we CAN lend a hand. Don't feel disappointed with and helpless about this world. Have faith in the positive mainstream of this society. But don't be trapped by your blind kindness. I wish us all to be heroes who keep a positive outlook but who keep a clear head and stay safe.

Thank you.

（589 词）

3. On Panic Buying

The medicine Shuanghuanglian could cure the disease. Quick! Let's go and get some. The medicine was sold out overnight. The Ukraine War would cause food shortage. Quick! Let's go and get some rice. Rice was sold out overnight. Japan was releasing nuclear waste water into the ocean. Quick! Let's go and get some salt. In one hour, four tons of salt was sold out in Shandong. Over these years, there have been sold-outs of medicine, masks, food, salt and even vinegar, some in one day, some even in one hour. Again and again, driven by an unknown panic, mad purchases occurred with every real or imagined disaster. Are these people foolish? Are they evil? No. They have reasons.

Panic buying doesn't happen for no reason. Firstly, bad news travels fast. Correct information limps. When bad news spreads, it throws people into a panic, immersing them in anxiety madly groping for help. To relieve the panic, they get whatever might seem useful. To assuage the insecurity, they overspend, stockpile and hoard. Then comes a vicious cycle. In a short period of time when everyone is grabbing the same stuff, there is a shortage, which there was not at all. And this shortage further exacerbates the panic already rampant among the public.

Secondly, who would benefit from the sudden surge of purchases? Speculators, who make money by all means. Every time there is a commotion, there are those who, like little matchsticks, contribute to the fierce bonfire. Some people, groups or individuals, pretend to be experts or scientists, use the disaster as their gimmick, abuse various We-Media, take advantage of information gaps, and ultimately rake in big bucks. Twenty years ago, when SARS broke out, some merchants hyped up the sterilization capacity of white vinegar, skyrocketing its price. Not everybody understands things in a scientific way but everybody fears death uncontrollably. When people are told that they can avoid death, will they even frown over that huge amount of unnecessarily spent money? How can they resist the temptation?

Therefore, instead of laughing at panic buyers, we shall offer advice and help. Timely publication of correct, scientific and authoritative information can help. For example, when people started this salt hoarding and looting a few weeks ago, the government quickly made it known to the public that sea salt only accounts for 10% of China's salt consumption, that China's salt production reaches 50 million tons per year, its annual consumption only 12 million tons, and that China's salt reserves can last 330 million years for the entire country. You know what? The salt hoarding just vanished.

We shall also intensely and severely punish those who spread rumors, cause panic and make money. Disaster profiteers should receive legal punishments. The police, promptly stopping the spread of rumors and telling the public the truth, can help. For example, an owner of a fresh food store in Xi'an posted news about nuclear waste water in many Internet communities, blew out of all proportion and goaded people on to store salt. She was quickly arrested and punished, and the Internet communities soon woke up.

Most importantly, we need to keep our head, a clear and rational head. No one knows when the next panic buying will come. To avoid unnecessary waste, pointless spending and consumption traps, we must remain rational. Do not be deceived by rumors. Do not be trapped by baseless anxiety. Do not overstock. Buying or no buying, panic does us no good. Only a cool, calm, and composed mind will sail us safely through the sea of crises.

Thank you.

（595 词）

4. Dump Unsafe Food

I came home and told my mom, "We had some new dishes at school. They served them very quickly, but the meat tasted a bit strange." My mom sighed with a worried look, "Must be pre-made food."

What is pre-made food? It's semi-finished or finished food products. They are packaged in plastic bags and they can be preserved longer. They are convenient for consumption. But why was my mom worried? Why did our government very quickly say "No pre-made food on campus" ?

Firstly, could you imagine how many food additives are there in pre-made food? Pre-made food can be preserved for longer than six months. What can keep food fresh for such a long time? Food additives. Plenty of food additives. Incredible kinds of food additives. Through its journey from factories to warehouses and finally to diner tables, pre-made food has taken on additives that are of more kinds and that are more harmful than we can imagine. They are a silent killer. They will kill us, because they cause cardiovascular disease, cancer, type 2 diabetes and other conditions.

Secondly, is pre-made food clean? My mom has forced me into the good habit of keeping my hands clean by washing them carefully before I eat. But what about the food? Is it clean enough? You never know what hygiene risks that scrummy slice of pre-made roast duck in your mouth might expose you to. A very small hygiene problem can lead to big issues like food poisoning.

Thirdly, is pre-made food environment-friendly? What do we use most for pre-made food packaging? Yes, plastic. But unfortunately, plastic packaging products have the shortest lifespan. They are normally used once and then end up in landfills, polluting our soil and water, and impacting our health. Could you imagine that microplastics have been found in some fish and meat? Maybe one day microplastics will be found in our bodies.

People say that kids are the future. But kids grow up with food. So food safety should be the priority for kids. What can we do then? Before we bite into our meals, we need effective food control systems.

We should control the use of food additives. No additive that has not been deemed safe by the Joint FAO/WHO Expert Committee on Food Additives should be used in foods traded internationally.

We should go with green companies. From food purchase, to storage, to preparation, to service, there should be very strict rules and policies. Food samples should be kept at least two days for inspection. Food handlers, including producers and deliverers, all should work with health qualification.

We should find better packaging materials than plastic. Do we have no other choice except plastic? We certainly do. We can use high-quality glass containers which are food-safe, reusable and recyclable. Ceramic, stainless steel, beeswax, many other materials are there for our use. And, when we HAVE to use plastic packaging, look for the BPA-free label.

So you see, it is not pre-made food itself that our government does not allow. It is food safety for our kids that our government and many mothers like my mom are concerned about. With the government's effort, and with your effort, my effort, everybody's effort, I'm sure there WILL be one day when we can all enjoy convenient, yummy, savoury and safe campus food.

Thank you.

（555 词）

5. Bye-bye, Procrastination

It's a quiet evening, and I find myself in my room, warmly and comfortably embraced by my familiar space. I have a heap of assignments and a looming deadline, yet I can't focus, and, I am slow. Why? Because my room poses abundant distractions that make it incredibly challenging for me to concentrate.

As I sit down at my desk, determined to conquer the tasks at hand, I can't help but notice the attraction of my surroundings. My bed, with its soft, inviting quilt and plump pillows, seems to whisper promises of a quick nap. The posters on my walls—my idols, each a unique work of art—lure me to admire their details. And there are my besties—my smartphone, my iPad, and my Switch game player, all within my arm's reach, seducing me from my assignments. How can I reject them?

Can you?

I've come to realize that I'm not alone in this struggle. Many of us share this common challenge—the battle to keep focused in the face of irresistible distractions that hide in our rooms. However, I am determined to find the reasons behind my slow progress and to discover effective strategies to overcome the powerful force known as procrastination.

So, what exactly is this procrastination that I struggle with in my room?

Well, it's the act of delaying or putting off important tasks until the last minute, or past the deadline. It's that feeling when I know I should be working on something but, instead, I find myself frittering away hours on trivial pursuits: checking my phone, scrolling through social media, or just daydreaming.

Now, I'm sure many of you can feel this, whether they are assignments, work projects, or even chores at home. Procrastination seems to have a way of sneaking into our jobs, grades, and lives when we least expect it.

But fear not. In most cases, procrastination is not a sign of a serious problem, for there are ways to combat this strong enemy.

One effective strategy is to break tasks into smaller, more manageable lumps. When I started doing this, I found that the mountain of assignments ahead of me suddenly seemed more like a series of small hills.

Another useful approach is to create a distraction—free zone. Whether it's WeChat, the Little Red Book updates, or the local news, clearing away those sources of distractions and creating a focused study space can make a world of difference.

And let's not forget the power of rewarding yourself. If you can find a way to make long-term choices more immediate, it becomes simpler to avoid procrastination. For example, you can get yourself an ice cream after you finish half of your assignment. Yummy, the ice cream and yummy, the rest of the assignment.

In the end, we're all in this together, battling procrastination one assignment at a time. By understanding what it is, acknowledging our distractions, and using these strategies, we can reclaim our productivity and make that dreadful pile of work seem a lot more manageable. So, the next time you find yourself in a room filled with distractions, remember, you have the power to overcome them. Have confidence in yourself. One day you will be able to say, "Bye-bye, procrastination."

Thank you.

（542 词）

6. The Non-extreme Kind of Verbal Bullying

Your tongue can kill people.

A young lady was employed by a university. She proudly shared this online, but then malicious comments and harmful rumors flooded in, attacking her pink hair, doubting her suitability as a teacher. Online abuse continued till she could no longer bear it and took her own life.

Indeed, words possess a power we often underestimate, a potent force that can shatter lives. This tragedy shows the profound impact of verbal bullying. However, verbal bullying doesn't always lead to the most extreme outcomes. Our daily conversations also kill people, or not so serious, but definitely hurt people.

A case in point is Liang Jiaoying. Many people say that this gifted stand-up comedian looks beautiful and she told this to her mother, who, out of her expectation, shook her head and said, "You are ugly." She felt depressed for quite a number of days. Later she videoed this and posted it on the Internet, and it struck a chord with countless netizens. They saw something familiar in Liang's experience—the non-extreme kind of verbal bullying.

Perhaps, like many others, you think verbal bullying is limited to instances where haters insult you, where there are obvious intentions to hurt. So, when elders criticize us, we often brush it off as "parental guidance" . When a teacher publicly berates a student, we may view it as a "teaching style" . And when friends tease and mock us, we label it as "harmless banter" .

But here's the critical point: verbal bullying isn't defined solely by the intentions behind the words. It's defined by the emotional wounds those words inflict. While elders, teachers, or friends might have good intentions, the impact of their words on the recipients is what matters.

We shall acknowledge that verbal bullying is not rare. Our actions and words, which we may consider harmless, can inadvertently hurt others. The tongue is a double-edged sword; it can build bridges or burn them down.

Preventing and addressing verbal bullying involves a combination of strategies and efforts. The first and foremost is education and self-reflection. Schools should educate students, teachers, and parents about what constitutes bullying, helping them understand different forms of verbal bullying. Simultaneously, they should also emphasize self-reflection on their utterance, teaching methods, and parental styles to ensure that their actions do not inadvertently lead to unnecessary stress and harm.

Another strategy is to advocate nonviolent communication. Schools and communities should regularly organize lectures and workshops to raise people's awareness of the impact of verbal violence. Furthermore, we should train people to express their emotions and opinions in a way that fosters understanding rather than hurtful confrontations.

Lastly, we must offer support for those who are suffering or have suffered verbal bullying. Schools and communities should offer specialized mental health services to help victims cope with the emotional trauma caused by verbal bullying.

In a nutshell, addressing verbal bullying is a collective responsibility. It begins with recognizing that words have the power to hurt, regardless of the intent behind them. By educating ourselves and others, advocating for nonviolent communication, and offering support for victims, we can create a more compassionate and empathetic society. Let us remember that our words have the potential to build bridges, not to burn them down.

Thank you.

(542 词)

7. The Meaning of Being a Champion

Anyone standing here giving a speech wants to win an award, even the championship. But not me. I am fully aware that I will not gain an award in this speech contest. But does it mean that I am doing something for nothing? Not at all. I want to say that the meaning of a competition for us is far beyond being a champion.

First, to put our ambition aside will help us overcome our nervousness. This is the first time that I have ever taken part in such a competition. Of course I have butterflies in my stomach. The nervousness I am experiencing now is familiar as I have encountered it on many other occasions. But nervousness does matter. Then how can we successfully manage our nerves, to put our best foot forward? Cast our ambition out of the window. Embrace whatever outcome. That will help overcome our nervousness and make us stronger.

Second, to take part in a competition without expecting a good result will allow us to enjoy the process. And when we enjoy the process, we start to see the other contestants. We can appreciate their courage, determination, persistence and perseverance. When we are following a creative dream or passion, it is all the little moments in the process that matter. When we travel, we do not just arrive at our destination. What we want most is actually the views on the way. To be passionate about something, we do it no matter what the outcome. If there is a purpose to what we are doing, and we enjoy the journey, the outcome is less important, because instead, every step matters, and every small progress is an achievement. Even the simple fact that we have never given up is a big achievement in itself.

Third, failure, if it comes to us, is always the best teacher. We should have courage and risk failures, knowing that setbacks are good lessons to learn from. Failure is indeed painful. Failure hurts. But failure is a necessary part of a successful life. When a baby starts to walk for the first time, she will certainly fall. But however many times she falls, no one will doubt that one day she will be walking. From failures we gain courage and bounce back from setbacks. Michael Jordan said, "I've missed more than 9,000 shots in my career. I've lost almost 300 games. Twenty-six times, I've been trusted to take the game-winning shot and missed. I've failed over and over and over again in my life. And that is why I succeed." The most successful people are those who face their failures, from which they learn knowledge, gain experience, build resilience, and win growth.

Fourth, not expecting to become a champion actually helps me realize how precious it is to be a champion. To be a champion means that I should never give up, that I should have self-mastery in whatever I do, that I need vision, that I should be brave to meet great people. To be a champion means I should embrace adversity as opportunity.

Many people consider winning the most important in a competition. But I am here to tell you that there is much more worth remembering than just being a winner.

Thank you.

（546 词）

8. The Power of Music

I love music. But I do not love music per se. I love it and I want to do more.

Let me first ask you a question. Are we in a healthy state of mind? Haven't you felt very tired but not been able to sleep? Haven't you felt depressed? No doubt. Many people, old or young, male or female, rich or poor, suffer from sorts of mental problems. Workers, students, even little kids have gone through depressed moments; some have even developed depression.

Faced with these problems, some choose to keep silent, some take pills, some seek therapies. Oh, therapies. Here is a great one I'd like to share with you: "Music therapy!"

Music has magical power. Babies stop crying and fall asleep in their mothers' lullabies. A noisy hall suddenly quiets down when the piano is played. There are numerous examples to show us the power of music. Legend has it that music cured King Solomon's melancholy. Bach's *Goldberg Variations* relieved Count Catherine's insomnia. *Huangdi Neijing*, the famous medical book in China, has already explained the correspondence between the "Five Elements" of traditional Chinese medicine and the "Five Tones" of music. Some people even improve cows' milk production, hens' egg production, and pigs' meat production with music.

Do you want a long life? Try music therapy. Donald Atlas, associate professor of medicine at the University of California, finds that "a person's lifelong love of music may be a recipe for longevity" . It is found that when people listen to slow and solemn music, their heart rate slows by at least five beats per minute and their blood pressure drops. The reason is that music can change the activity of brain waves, and our favorite tunes can induce a kind of brain wave that carries us into a meditation state. It can soothe the mind, stimulate emotions and improve our mental state, thus helping our immune system. Music therapy has even been used to treat patients with autism and cancer.

I love music and I want to help people with music. What can I do then? My idea is to create a music-based visual art workshop. A very important part of music clinics is to make people release what they secretly lock up deep in their heart. But only listening to music cannot meet specific clinical needs. And, not everyone can recreate or compose music to express their feelings. But most people can draw, can DIY, and work on jigsaws, can't they? Visual art, like music, is multisensory and expressive. So, my idea of creative arts paired with music-based interventions can enhance the therapeutic relationship, and meet clinic needs in new ways!

Imagine! When people can create an album of pictures accompanied by soothing music, this is a kind of achievement, the positive influence of which no one would deny. They can keep the album and when they take out the album and leaf through it, the music will come alive again in their mind's ear. Isn't the effect of music therapy long? Isn't the power of music strong?

This is the power of music I want to share with you and this is the new way of music therapy I want to let the world know. Together, we can contribute more.

Thank you.

（542 词）

9. Parent-Child Conflicts

For three days, I haven't been speaking to my mother. She's always saying this, ordering that, judging and commenting. I can't stand her any more and have simply zipped up my mouth. Nope. I am not saying a single word to her. This time it was that she complained about my room, saying that I put things everywhere. I'm not happy.

Last time I shouted at her was when she criticized my homework, which was scored 60 by my teacher. She said I didn't work hard enough. She said I was slow. She said I didn't plan properly. And I shouted, "How hard is hard work?" "How do you judge what is slow and what is fast?" "Do

I have the right to plan my time? Isn't it you who take up all my time?" "You are never satisfied." "You don't love me at all." I shouted and yelled and bellowed—so powerfully and forcefully.

I am powerful, ain't I? My mother was powerless. She could not utter one word. I had shut her up. I won. I won. I won.

But, wait. What's the point of winning my mother? Who gave me life, feeds me, nurtures me and raises me up? What's the point of dumping my unhappiness, my anger, my hurt onto her? What's the point of this parent-child conflict?

Parent-child conflicts can be seen everywhere, every day, and with everyone. Like a war without smoke, they are being staged in many families. For them, every such outbreak is no less than experiencing a storm. When conflicts occur, our parents have a headache because they don't know how to face their children, and we children will feel helpless and panic in repeated conflicts with our parents. It seems that when there are conflicts, negative emotions such as anxiety, despair, injustice, anger, and helplessness erode everyone.

Then, what is behind these conflicts? In adolescence, we children's self-awareness gradually develops, and our physical maturity gives us a greater sense of control, but our minds are still not mature enough. Meanwhile, our parents still think that we are young and tend to use such means as accusation and criticism to make us obey. Once the two sides enter a struggle for rights, even if we listen to our parents unwillingly on one thing, we will continue to fight with our parents on another, leading to continuous conflicts.

What can we do to avoid these conflicts?

Firstly, let both sides understand that being a parent is the hardest job in the world, and that being a growing-up is also not easy. No parent is born to be a good one. And adolescence is destined to be a unique and challenging stage of life development. Therefore, let's understand each other. A mild parent-child relationship depends on mutual understanding and respect.

Secondly, every child is willing to be educated by his parents; the key is how. Deep down, every child wants his behavior to be recognized by his parents. When conflicts occur, it is not the parents themselves that children resist, but the parents' educational methods. Therefore, mom, please listen carefully and think more about how to talk to me. Anyway, you are an adult, who is more mature than me.

Thirdly, in the face of disagreement, it is a win-win approach for our parents to treat us as an independent individual, respect our ideas, negotiate a mutually acceptable and feasible best plan, and then try to implement it.

No one likes conflicts. I don't think my mother likes them. I do not enjoy them at all. Mom, are you sitting here? After this speech, I want to talk to you. Hope you will listen to me.

Thank you.

（616 词）

10. In 2023, a Woman Should Not Be Tortured for What She Wears

In 2023, a woman should not be tortured for what she wears.

However, you can still hear such voices as:

"Look, this girl is wearing such tight and revealing clothes. She does so only for one reason: to get attention from men. She does so because she lacks self-esteem. She does so because she is seeking recognition."

This girl could be a school girl, or a woman in a workplace. She could be any woman in any country.

Dress codes are being used as a bias against girls at school now. Have you heard about dress codes? School dress codes are designed to prevent students from wearing inappropriate clothes, but they are being abused now. We girls are told that we need to cover up. We can't have our shoulders revealed; we can't wear short pants; we can't wear leggings, so on and so forth. If we don't cover up, we commit a crime which is called "distracting boys" at school. This isn't fair at all. If our legs are distracting to someone else, then that's their problem. Have you ever seen a boy told to go to the teachers' office because of his outfit? No. Only girls. Girls are taken out of the classroom to change; they even get a detention for wearing something not in accordance with dress codes. The majority of rules that are seen in dress codes only apply to girls, and there seem to be more rules that girls have to follow when it comes to how they dress.

In the workplace, "a man can wear pajamas to a meeting and be credited as a cool renegade. A woman can wear a black coat and be controversial." This is a true story. Mark Zuckerberg went to an investors' meeting in pajamas and was treated as a glorious symbol of bravery. But if Marissa Mayer did this, she would be considered mad. In the workplace, men know that as long as they do not wear swimming trunks or a Nazi armband to their office, they'll be pretty much fine. What about a woman? She walks on a tightrope. Any misstep in the dress can prove her incompetent for the job. A study shows that a "successful woman manager" should care nothing about her female body or she would be stigmatized as inherently sexual, dangerous, suspicious, volatile and disruptive. People just keep a close eye on what a woman wears and expect to see her fall. Any flaw in a woman's appearance could be a wonderful excuse to dismiss her, no matter how well she performs in her work.

Women are often the target of religious restrictions around the world. They face censure because their clothing is considered too religious—or not religious enough. These restrictions are actually social harassment. A report says that women in 56 countries experienced social hostilities—that is, harassment from individuals or groups—due to clothing that was deemed to violate religious or secular dress norms. They experience verbal abuse, physical violence or even killings. The number of countries where women faced social harassment or hostilities related to their dress has risen. In Europe, Denmark, Germany, the Americas and many other countries, Muslim women faced the most discrimination, physical violence and other forms of abuse for wearing head coverings.

So here I am calling: In 2023, a woman should not be tortured for what she wears.

At school, we girls should be allowed to wear what we think is comfortable without having to worry about being blamed as distractive. In the workplace, women should be allowed to wear anything without having to worry about being considered incompetent. In many countries, women should be allowed to dress in their religious way without having to worry about possible attacks.

However, fighting for the freedom of a woman's dress has been and is always hard for the female. Nevertheless, there are many things we can do to ensure this freedom.

First, let's highlight the international human rights law. Everyone has the right to freedom in what he or she wears. The exercise of the right to freedom of dress must be subject to legal restrictions. The permissible legitimate purposes must be narrowly interpreted and must not be used to impose restrictions on dress. Moreover, any restriction must not be discriminatory or put in jeopardy the right itself or undermine other human rights.

Second, effective measures should be taken to protect women from violence, threats, or coercion by family members, communities or religious groups or leaders in order to compel them to wear particular forms of dress. The fight to end violence against women and girls is universal—and continuing. We could increase funding to end violence against women and girls. Women should be given more economic opportunities to gain empowerment. We could change our ideas of what leadership looks like and remove barriers for women and girls to lead and participate in decision-making on all levels. We could engage men in the fight to end violence against women and girls.

Third, we should actively promote women's equality with men and take measures to modify social and cultural patterns of conduct, with a view to eliminating prejudices and practices based on the idea of the inferiority or the superiority of either sex or on stereotyped gender roles. We should keep ensuring equal access to education. We should stop adopting different standards for the male and female dresses in any place. We should stop gender stereotyping and treat everybody equal. We should enhance evaluation rules based on equal opportunities.

Fourth, everyone should make a conscious effort to create a more inclusive society by developing and implementing strategies, policies and programmes aimed at the elimination of all forms of discrimination against women. For example, there are women who smoke and men who don't. There are women who drink and men who don't. Also remember that social media is a very good form of social inclusion. Think of the message that is sent if a female leader wears what she likes and is praised greatly in social media.

Lastly, we should understand the deep roots of gender inequality and challenge discrimination. Denying female the freedom to choose their dress seems a very minor part in gender discrimination. But when these small parts accumulate, the female will be denied their chance of fulfilling their full potential.

There are still many things we can do to help build a more gender-equal world. Let's start from fighting for women's freedom of dress.

Thank you.

（1082 词）

11. Should Scientists Be Popular Stars?

No one doubts scientists are some of the most important members of our society. Throughout history, scientists have contributed countless treasures to mankind. We can say that almost all things around us are created with the wisdom of scientists. I wouldn't be here giving this speech if there were no scientists, because it was they that invented the Internet, the computer, and everything else needed for this event.

During the COVID-19 crisis, scientists won great attention from the public. But before and after the coronavirus pandemic, what had and has people's major attention been on? Mostly, on popular stars. On scientists? No. Only at a critical moment when people badly need scientists do they give their attention to them. Otherwise, scientists are unknown. By contrast, movie stars, singers, and the like attract more fans and greater popularity than scientists, because they have good looks and superb acting skills, or good voices and fascinating dancing steps. What do scientists have? Advanced knowledge. But can it attract as many people? No! Because it is beyond the understanding of the majority, because the trend of society never turns its eye to it when it is not needed, and because knowledge is something you do not see and have fun with.

Many people don't like this. They say that movie stars don't deserve this kind of admiration and popularity. They say that scientists dedicate so much effort to the happiness of society but all they get is very little attention. It is unfair. They discuss, they shout, they appeal, and they want scientists to be as popular as movie and singing stars.

But do scientists want to be like pop stars?

Stars live on popularity. Their main income comes from their fans. They get their attention for a good reason.

But what about scientists? Scientists live on their salaries. Scientists do not need too much attention. They do not need many fans. They do not like too many public supporters. They like to live a peaceful life with their family and their research. They do not need fans for their living. What's more, it may not be appropriate for some scientists, especially those involved in the state's top secrets, to come into the attention of the public.

Then why do people want attention for scientists?

People standing up for scientists means that society has already seen the efforts scientists contribute. They have seen that scientists are the most important part of society, and they want to express their feelings towards them. Throughout history, from Thales to Archimedes, to Copernicus, to Newton, to Gauss, to Madam Curie, to Einstein, to Heisenberg, all scientists have fought hard for the greater good of mankind—some of them have paid money, some efforts, some even their lives. Maybe we don't need to pay too much attention to them, but at least we need to recognize them, and we need to know that, with or without crisis, they are always there, with us.

Scientists are not pop stars, but they shine more brightly, like the stars in the deep deep sky, illuminating the whole horizon by burning their knowledge, showering the world with sparks of their wisdom, turning man's wishes into truth. The darker the sky is, the brighter they shine. A brief second of their existence is enough for a drastic change in the world's history. Even when they disappear for a while, we won't panic, because we know that they are always there for us, for humans, for the world.

（583 词）